中陰指引

1 前行教導

　　圓滿導師釋迦牟尼佛以殊勝善巧、智慧與悲心，根據眾生的性情與根器，給予了八萬四千法門的不同教導。佛陀的所有法教可濃縮為十二部經（十二分教），或簡稱為經部與續部。廣博經部包含經、律、論（阿毗達摩）三部分，續部則包含四部密續。

　　《正念明鏡》是密續的甚深教導，但同時也涵蓋經部與續部的法教。此教導不僅適合進階的修行者，初學佛法者也同樣適用。此教導闡述了心的自性，以及我們的心在各種狀況下如何活動。

　　中陰教導並非僅為佛教徒宣說，佛教徒與非佛教徒皆會在很多情境裡體驗到所謂的「中陰」。此處的中陰，字面意思是「兩個事件之間的時期」。我們目前身處在始於出生而止於死亡的中陰。現在的中陰結束後，會繼續下一個中陰。

因此，無論佛教徒與否，都有必要學習各種中陰的法教。

　　我們可以研讀並學習各種哲學。以佛教而言，其主題是心靈修道的內在科學。佛教基本上著重於探討心的狀態及心的內涵。我們所謂的「心」，其根本狀態是什麼？正向與負面的層面各是什麼？我們如何能以心靈或禪定的修持，擊敗負面並增長正向的部分？

聞、思、修

　　我們要如何進入這門內在科學呢？首先，要學習「佛法」，也就是佛陀的教導。但只憑學習教導並無法消除自己的疑惑，也不足以獲得全然的明晰。我們必須再三思量，這就稱作對教導加以「省思」或「思惟」。然而，只有學習教導與思惟教導依然不足，這時我們的理解仍僅停留在智識上。為了要感受到法教的真實，我們需要倚賴第三點的實際禪修。自己以親身經驗運用教導，就能逐漸調伏心中的負面部分。一旦清淨了二元分別的遮障與煩惱，就會生起「如所有智」（如實了知諸法自性的智慧）與「盡所有智」（觀待一切存有的智慧）。最後我們就能清淨一切染垢並圓滿所有

功德。

　　往昔，當上師保持靜默而簡單安住於心性時，弟子僅僅是隨侍上師身旁，無須隻字片語就能體驗到相同的了悟。他們有時會作簡單的交談，弟子也許問：「是這個嗎？」上師回答：「正是！」如此就可傳授了悟。又或是以手勢或象徵物就能傳授如此的洞見。但當今時代，倘若弟子缺乏聞、思、修，就很難發生那樣的傳授。我們必須依循教導、思惟教導並實際修持。為何有這樣的差異呢？比起過去，現代人有更加深重的妄念，與佛陀在世時代的人們相比甚為不同。縱然我們有更為敏銳的心，卻也更為善變，信心和自信也較少。由於智識上的敏銳與不穩固，我們難以培養真正的信心。對我們來說，要對上師生起虔敬、悲心與全然的信任是很難的，反而輕易就會找出師長的缺失而批評之。因此，現世能真正達到究竟了悟的人非常稀有，良善功德也無法自然而然地生起。我們必須以學習教導、思惟教導及實際修持教導來培養三慧（聞慧、思慧、修慧）。

　　智慧能清淨理解不足、誤解與懷疑的染垢。無論我們是學習、思惟或修持教導，避免誤解、懷疑和無明向來都是重

點。用心聽聞且學習教導，我們就能確保自己免於這三種過患。首先，要明白口授或文字的綱要；接著則要將綱要牢記在心，不可立即忘失；最後，必須再次重新複習。教導的真正內容是什麼？主題為何？正確與否？能否帶來助益？是否合理？務必思惟教導，若自己尚有不明白之處，則與法友討論。如此一來，才能有清楚的理解。倘若在聆聽佛法開示時，只是身體在場卻心思渙散，我們就無法真正理解或記住教導。這絕非是有效學習法教的方式。

佛陀依據萬物的如實自性而給予教導，如此的法教真實不虛。睿智的人會學習並思惟佛法，且越是精進，越能生起自信，也更為信任佛陀教言並能在修持中得到極大的喜樂。因此，務必要以正確的聞、思、修來避免理解不足、誤解與懷疑這三種過失。

得遇具德上師

除此之外，為了正確進行佛法的聞、思、修，我們需要累積助緣。其中最為關鍵的便是依止真正可靠的師長。傳統而言，師長需要有聞、思、修三方面的經驗與證量；此外還

要依六種功德來判斷其是否為具格的師長，此六種即擅於釋經、辯經、著作，以及具有善德、高尚品格與博學多聞。

對於師長應具備的功德，小乘、大乘、金剛乘各有不同的定義。舉例來說，根據小乘法教，師長必須捨其所應捨、悟其所應悟。而大乘法教的具德師長，則需要擁有了悟空悲雙運的功德。若依循不具此功德之師長，將毫無助益。擁有這般了證的師長，因其清淨發心，不會給予錯謬或令人誤解的教導；又因其悲心，對於追隨的弟子亦不會欺瞞，也不會引領至錯誤的方向。因此，一位師長必須具備此項最重要的功德。

現在的我們很有福報。生而為人，得以領受、理解並修持教導，也得遇具德師長，如此的我們必定曾累積善業。但另一方面來說，我們的福報仍非屬上上等。而這麼說的原因是，過去曾有諸佛和許多證悟者，但我們因種種緣故而沒有和這些成就者建立極佳的連結，也未能在過去成就證悟，且直至現在都尚未解脫，看來是我們自己跟不上他們的腳步。如此說來，我們並未具足得遇正等正覺之佛的最殊勝之業。

然而，我們至少還具有如今得遇佛法導師的福報。這並

不代表我們的上師比起過去諸佛更為卓越或優秀，正因佛陀曾出世說法，今日我們才能遇見師長並領受法教。但由於我們無法親見佛陀，所以更顯得自己上師的無比慈悲。因此對我們來說，上師比過去曾出世的任何佛陀都還重要。實際上，所有成正等覺者、三世諸佛菩薩的體性，和具德上師的心意無有分別。由此而言，上師即為佛陀的體現。

上師的心意即是佛，因為上師之教誠來自於佛陀的了悟，且符應於佛陀的教言。上師的音聲即是法。而上師以偉大修行者的人身顯現，其身即為僧，所以上師也是僧的體現。以此，佛、法、僧三寶，就體現於具德上師之中。

成為具格弟子

縱然具德上師是最主要的條件之一，但弟子也必須堪為法器。一位修行者或弟子要具備哪些功德，才能領受法教呢？我們需要具有許多不同的功德，例如虔敬、真誠意樂、精進和智慧等。然而，最為重要的功德則是我們修持的基本發心，務必要決斷且立誓：「我要修持，盡除一切煩惱！」應當思惟：「我要修持一切必要的法門，以戰勝令自己漂泊

輪迴的所有根本煩惱。珍貴佛法就是消除煩惱的解藥。」要實踐所有自己曾聽聞且了解的法教，直接運用於修持，而非僅視為理論，也就是應該將這些法教直接運用在個人經驗中。藉由如此的意樂之力，便能真實地了解佛法。倘若不依此而為，我們將無法真實地修持佛法，反倒是增長了好勝與傲慢。如此一來，佛法就無法帶來助益。

舉例來說，若把一顆已在河床上躺了百年的石頭撿起並剖開，會發現縱然石頭表面濕滑，但中央卻仍乾燥。這就好比一個雖對佛法有聞、思、修卻未將教導攝入相續之人，他將因而無法戰勝煩惱。倘若不能掌控煩惱，就如同那外表濕滑但內在乾燥的石頭。應當謹記在心的殊勝想法，即是要以對治自己的煩惱作為修持佛法的發心動機。切莫等待數月或數年，而要從此刻起立即培養如此的發心。

無論進行何種活動，行住坐臥之間都莫忘檢視自己，我們要當自己的老師。若能以此來修持佛法，就算只學習四句教導，也會帶來莫大的幫助。倘若自身並未真正吸收教導，就算辯才無礙地講經著述，那都不過是空談罷了。倘若佛法沒有真正滲入自己心中，而且我們未能調伏自心，那麼一切

的佛法修持都將毫無意義。

六波羅蜜多的菩提心

　　發心的另一個層面，則是要生起菩提心，或稱證悟想，也就是祈願我們的佛法修持能利益一切有情眾生的想法。菩提心主要分為「願菩提心」與「行菩提心」兩種。「願菩提心」是為了利益一切有情眾生，發願要成就佛果。「行菩提心」則是真正實踐如此的發願，且行持諸多身、語、意的善行，如六波羅蜜多（六度）的菩薩廣大行等。當我們以這兩種菩提心來涵攝任何行為時，這些行為的饒益更加增上，也將帶來極有幫助的果。即使只是念誦六字大明咒一次，都是能饒益的行為。但若缺少菩提心的動機，縱然是再大的善行也無法帶來究竟的利益。

　　六波羅蜜多之中，前五項的布施、持戒、安忍、精進與禪定，稱為「有所緣」，或「有分別」的善行。稱之「有所緣」，是因為如此行持所積聚的福德資糧是具有參考點的。第六度的般若波羅蜜多，則是「超越的智慧」，而培養般若波羅蜜多將確保行者得以積聚智慧資糧。

以六波羅蜜多來攝持學習佛法等一切行持，便能因此累積二資糧。這些累積的福德有利於對二諦（即世俗諦與勝義諦）的理解和了悟，以此我們將證得二身 ❶。我們務必要把握方向，以二諦雙運為起始點，也就是「基」；以二資糧雙運為「道」；並以二身雙運為「果」。

　　舉例來說，當我們領受教導後，會供養或獻上禮物，這就是第一度的「布施波羅蜜多」。我們可以供養鮮花、其他物質或者以心意供養，例如獻上包括須彌山與四大洲的整個宇宙，做為獻曼達的供養等。這都含括在布施波羅蜜多之中。

　　其次，「持戒波羅蜜多」是要確定自己在學習時有著正確的發心及建立如法的心態。

　　第三度「安忍波羅蜜多」，則是不過度執著自己的身體狀態。有時候我們可能覺得有些冷或熱，或座椅不夠舒適，又或覺得教導講得過久。無論如何，不要屈服於疲厭，要了解：比起那些暫時的不安適，這些教導是更加重要的。

　　第四度「精進波羅蜜多」是樂於努力吸收所領受的教

---

❶ 法身與色身。

導。我們要省思文字的意義，自問：「我了解嗎？記住了嗎？」第四度的精進波羅蜜多，是帶著喜悅之心而強烈渴求了解教導。

第五度「禪定波羅蜜多」是不因其他感官知覺❷而分心，無論是擾人的聲音、身體的感受或散亂的念頭皆然。我們必須專注聆聽且試著理解自己聽聞到的教導。第五度禪定波羅蜜多的要義，就是無有散亂。

第六度「般若波羅蜜多」，或稱「出世慧」（transcendent knowledge），意指最好能持有對二諦雙運的了悟來聽聞教導。也就是說，我們應將世俗諦理解為緣起相依，並將勝義諦理解為空性。假使尚無法做到，至少也應有如此的意樂：「我要帶著對空性見地的了悟，努力來聞、思、修。」以六波羅蜜多來攝持所學所聞，會帶來極大的助益，且可延伸至我們一切的佛法修持。若能以六波羅蜜多同時行使世俗與勝義層面的修持，將如搭上速度最快的飛機，在五道與十地上

---

❷感官知覺，亦即「觸」，指與外境的接觸，觸乃由根、境、識三者和合而生，為五遍行之一。參見《雜阿含經》卷第十三：「眼色緣生眼識，三事和合觸，觸俱生受、想、思。」

迅速前進。

所有修持的要點就在於融合方便與智慧，也就是烏巴雅（upaya）與般若（prajna）。方便與智慧的合一就是通往解脫最迅速的道路，這一點極為重要。

簡言之，法道修持與真實理解的圓滿條件，就是具德上師和具格弟子的相遇。我們可以從另一個角度來看這件事：根據大手印、大圓滿與大中觀的法教，基本的空性見地完全離於任何戲論，而且要透過虔敬與悲心這兩種方便來獲得了悟。因此，從內心深處對根本上師生起虔敬以獲得加持，這一點極其重要。第二個方便則是對尚未了悟自心本性而飄泊輪迴的眾生懷有悲心。每當想到這些眾生未能了知心的自性，在輪迴中遊蕩且所受無非是苦，我們的悲心不禁油然而生。

悟即佛陀，迷即眾生

基本上，只有悟與迷這兩種可能。悟即佛陀，迷即眾生。了悟此無謬見地的緣由是什麼？益處是什麼？了悟是指，了解到並無自我的存在，故而對實存自我的耽著或執取

也於爲崩散；因此，與實存自我相關的一切，包括那些迫使我們流轉輪迴的煩惱與業力行爲都將因而止息。證悟則是從輪迴解脫，且同時具足許多殊勝的證悟功德；成就菩提或證悟之人，將成爲他人奮勉努力的目標、尊敬與學習的典範。這就說明了三寶何以是值得我們信任與皈依的對象。

　　反之，若是迷惑、未悟，緊抓著自我的概念不放，如此的眾生就會生起煩惱而造業，以致爲自己帶來輪迴各道的痛苦體驗。想到這一點，我們不由得生起悲心。在究竟上，輪迴與涅槃諸法（一切現象），從本初以來即是全然清淨。而心的自性或本質之中，並沒有出生、生命、死亡、喜悅或傷悲等，更不用說在究竟上根本不存在這些詞彙。眾生都是迷惑的，他們不了解空性的自性是離於任何造作，超越生、住、滅的。眾生的心受困於執念之中，無止盡被禁錮在二元分別的空虛感受裡。想到這一點，我們自然會對流轉輪迴的痛苦有情生起悲心。

　　根據自己所造的業力，我們會在輪迴各道中投生，而六道都會體驗到一些不幸。你們應該都聽說過這六道了。教導中提到輪迴有六道：地獄道有冷熱之苦，餓鬼道有飢渴之

苦，畜生道有奴役與愚痴之苦，人道有生老病死之苦，天道有死亡與報盡墮之苦，阿修羅道有爭鬥與砍殺之苦。

一般來說有三種主要痛苦，分別是「壞苦」❸、「苦苦」❹與「行苦」❺。另外還有其他較輕微的苦，如求不得苦、不欲臨苦、愛別離苦，與怨憎會苦等。

無論我們投生在六道輪迴的何處，都必然得承受痛苦。想到有情眾生經歷的一切折磨，悲心就會從我們內心深處湧現。我們對這些曾為自己父母的有情眾生懷有悲心，他們曾帶給自己無盡的恩慈。我們該如何讓「老母」有情解脫呢？要如何引領他們證悟，成就佛果呢？

諸佛因發願解脫一切有情眾生而宣說各種無數的善巧方便法門，如前所述的小乘、大乘與金剛乘等。教導中特別提到，金剛乘尤其擁有諸多方便與較少苦行，適合最利根器的行者。在金剛乘的法教中，實修傳承的祖師傳授了總集一切精義的諸多竅訣。就像奶油是從牛奶中萃取出的精華，四中

---

❸變異之苦。

❹苦其所苦。

❺諸行無常遷流不息之苦。

陰的教導也是甚深續部、廣博經部與佛陀宣說八萬四千不同
法門當中的精華。

四中陰法教

　　當人們聽到「中陰」，通常只會想到這代表死亡與來世
投生之間的過渡時期。有人過世時，人們會說：「他現在正
在中陰裡。」中陰被認為是駭人、痛苦且艱難的一段期間。
所以我們要生起悲心、祈請且行善，以幫助身處中陰的眾
生。

　　然而，中陰不僅只代表死後的狀態，它指的是兩個事
件之間的過渡期間。《中陰聞教得度》（*Liberation Through
Hearing in the Bardo*，即《藏密度亡經》）當中提到六種中
陰，關於生命與死亡的所有面向都可被歸納在不同的中陰
裡。而策列・那措・讓卓大師所著《正念明鏡》裡則分為
「自然此生中陰」❻、「痛苦臨終中陰」、「光明法性中陰」

---

❻所謂「自然」或「自性」的此生中陰，有幾個不同的解釋，但依本書脈絡，
　意思為「由業力自然而然形成的過渡階段」。

及「業力投生中陰」這四種中陰。

於策列・那措・讓卓的教導中，自然此生中陰便已涵蓋「禪定中陰」與「睡夢中陰」這兩種中陰。

這四個中陰形成一個完整的循環，在後續章節裡會各分三個要點來一一解釋：首先，簡要且明確界定該中陰的意義；其次，進一步說明該中陰會經歷的體驗；第三，闡明該中陰階段可運用之竅訣。除此之外，策列・那措・讓卓也談到毫無修行的凡夫、已具覺受的行者、圓滿成就修持的行者這三類人等對於中陰的不同體驗。

策列・那措・讓卓在《正念明鏡》裡敘述了各種中陰的普遍體驗。之所以稱做「普遍」，是因為這個教導並非某種特定的中陰法教，而是彙集了師徒口耳傳承的教導，與伏藏法（藏音「德瑪」，terma）裡相關的一切中陰法教。教導中將這些指引做了編排並進一步說明，因此可作為博學者給予詳述闡釋的基礎，亦可作為初學者易於閱讀且理解的文本。對修行者而言，《正念明鏡》則可作為修持指南、教言手冊。

我認為《正念明鏡》的英譯本相當樸實且直接，因此教導的主要文字內容並不難以理解。所以在後續章節中，我會

著重於說明策列‧那措‧讓卓大師這部卓越教導中的關鍵要
點，並解釋最不易了解的幾個主題。

　　請各位牢記在心，這個教導並非只是對於幾個中陰的敘
述，而是關於如何在今生與來世實際運用諸佛教導的指南。
根據每個人的狀況，也會有因人而異的不同體驗。因此，讀
者務必要了解各種可運用的修持，以及該修持的益處與未修
持的後果。對於法道的行者來說，珍貴教導是豐沛不絕的。
而初學者應當領受臨終中陰與法性中陰時可運用的法門，並
且現在就要開始準備。

　　一般人將生命用來追尋快樂與喜悅，嘗試各種可能的方
法，為的就是要獲得名聲、權勢、影響力與物質方面的財
富。他們一心一意以為達到自己夢寐以求的條件便能感到滿
足，這就是凡夫的目標。然而修行者的目標則是在四種中陰
的任何一者中獲得解脫，因此會於此生中即為當下解脫作準
備。萬一此生做不到，至少也能在死亡之際或其他中陰時得
到解脫。為了達到這個目標，修行者就必須熟稔可運用在各
個中陰時的相關修持。

2 自然之此生中陰

　　根據不同的背景與化眾，而有許多宣說佛法的不同方法。闡述佛法的主要目的是為了幫助行者實際修持。有些教導方式特別針對心意單純的修行者和禪修者所設，其中一種稱為「老婦人的直指竅訣」（pointing-out instruction），是用簡單的文字、手勢與表情敘述來直指事物的核心。

　　在印度歷來有些特定的教導方式。例如，佛陀本人是依五決定（five perfections，又稱「五圓滿」），藉身、語、意的神變力而說法；菩薩是依六波羅蜜多而說法；聲聞乘或阿羅漢是依三種清淨門而說法；而在偉大那爛陀寺的班智達，則是依「造論五支」來教導論典；至於其他如超戒寺等寺院

的班智達，傳統上是依三種清淨門來教導❶。然而，為了立
即有益於各位讀者的心，我在本書中主要採取直接的教導方
式。這並非是口若懸河的敘述或詩意的譬喻，而是直接傳達
重點以帶來幫助。

　　《正念明鏡》教導中闡述的第一種中陰，是自然此生中
陰，藏語的字面意思是「出生且仍活著的階段」。

　　傳統上有四種投生的方式，分別是胎生（由子宮出
生）、卵生（由蛋卵出生）、濕生（從熱與濕當中出生）與
化生（立即出生）。除了少數的例外，這世上的人們多是從
母親子宮出生。此生中陰就從我們出生那一刻起，直到遭逢
導致死亡的四百零四種疾病或八萬種障礙之一。此生中陰的
定義，就是從出生開始直到遇見死緣的期間。

　　每個人於此生中陰，會根據自己所認知的真實而有不同
的體驗，並以不同的方式使用自己的時間。事物的樣貌為
何？如何感受事物？正在感知的自己又是誰？對於這些問

---

❶三種清淨門為軌範語淨、學者相續淨、所說法淨。造論五支為該論由誰所
　造、引用哪些經典、屬於何種類型、前後概要為何、造論有何目的或所欲利
　益何人。

題，我們都有各種不同的想法。

二諦雙運的修行

佛教有許多不同的思想宗派，佛教哲學的四部宗義對於如何定義二諦、主體、客體與實相，都有各自的特定方法。認定事物為真實與否，會依各個宗義而有不同判斷。各宗派會檢視較為次等的觀點，找出錯謬之處並加以駁斥，而後建立該宗派承許的可靠論述。然而，輪迴、涅槃與法道的一切現象都已涵納於二諦，即勝義諦與世俗諦之中，各個宗派的差異只在於對二諦的定義。對於沒有這些哲學觀點的人而言，並不會思考太多二諦的差異。哪些並非僅是表相、看似如何，而是真實狀況、確實為真？一旦開始學習哲學，我們就會對這些問題有些概念。根據自己對勝義諦的了解，而有不同的覺受和與不同程度的了悟。

讓我們來看看有著最高修為與上等智慧的人們，會如何體驗此生中陰。長時間學習、思惟與實修二諦雙運的修行者，能迅速在二資糧上前進，因此將更加迅速地獲得了悟且如實了知事物。而對於具備最上根器的具福者來說，整個世

界與眾生都可視爲任運自成的圓滿壇城。這代表什麼呢？共同的大乘法教提到：一切眾生皆有佛性，三身的自性遍及萬物。在金剛乘的法教中講到：一切的顯相存有都具有神聖自性，一切的音聲皆爲咒語，一切的念頭皆爲本智❷之展現。具無上智慧者能了悟此即法爾如是。這並不是說他非得以造作或觀修來創造本尊、咒語和智慧的壇城，相反地，他是了悟到諸法的遍在清淨。最上乘行者的了悟，就僅僅是如實地了知萬物。

　　以密勒日巴爲例，他曾說：「凡夫視我以憐憫，覺者視我以大樂。」像這樣擁有高階證量的修行者，也許外表看來平凡無奇，但他的心與諸佛無有分別。策列仁波切如此形容了悟者：「其念頭顯現爲法性之遊舞，萬法皆爲三身之自性①。」而密勒日巴已了悟這一點。在大圓滿教導中，這樣的了悟稱爲「一切顯相與存有之遍在清淨」，另外一種說法是，「個別覺受之智慧相續」。

---

❷本書中的 innate wakefulness（gnyug ma'i ye shes），對照英譯者所編之 Rangjung Yeshe 藏英字典，其義爲原始智、本初智或本智。

①參見《正念明鏡》英譯本第十九頁。

凡夫從出生到死亡都不斷受制於無明、煩惱、妄念和執著。這代表什麼呢？凡夫在出生之前就帶著俱生的我執，並以這樣的我執緊緊抓著「我是」的概念，而因此固執實有，將自己執為「能取」（感知者）、將他者執為「所取」（被感知者）。這就形成了連鎖反應，使眾生一再投生於六道輪迴，流轉於地獄道、餓鬼道、畜生道、人道、天道與阿修羅道。如此險惡的輪迴永無止盡，這就是凡夫體驗到的此生中陰。在這種情況下，唯有以修持來得到解脫，否則將受業力影響，生生世世流轉輪迴之中。

策列仁波切也提到：「無明凡夫，視錯謬為真實，執無常為恆常②。」這句話有著許多含義。大多數人都只注意到由眼睛、耳朵、鼻子、舌頭等所感知到的表面真實。我們都受困在「顯然如此」的迷惘中，也很少思索什麼是正確與真實的，因此難以覺察勝義諦。我們已陷於表面真實的框架當中。但若能以經典中的義理與引述來分析被感知之物和能感知之心，我們就能了解到一切事物皆無真實存在的道理。諸

---

② 參見《正念明鏡》英譯本第二十頁。

佛與眾生的差別就在於：佛了悟諸法全然離於生、住、滅，也沒有實存；眾生則以爲萬法皆是眞實且堅固的存在。此外，諸佛與眾生的另一個不同之處，在於諸佛了知事物爲「非有」，眾生則相信事物爲「有」。

一旦了解二諦，就能了解所知（外在被感知的客體）與能知（內在能感知的心）二者的自性。我們瞭解世間的一切萬物皆非實有，且缺乏眞實的自性。事物既非實有、亦非獨立存在，也不是由外來的創造者所造。

簡言之，我們若更仔細檢視事物，就會發現外在現象並非眞實存在；也會發現，即使是那個長久以來的罪魁禍首，那個關於「我是」的執念，其實同樣毫無根據。我們對事物的自性將能獲得一些了解，但這仍然只是智識上的理解。若只是概念上認爲萬法與自我爲空，這仍然不足，我們必須要有直接的體驗。爲了能眞正獲得體驗，就必須追隨上師修習。上師本身要具備此等體驗，知道如何簡單安住自性且離於錯謬戲論，而能如實感知萬物，了悟諸法爲空、皆非實有。

此外，我們還需融合自己對證悟者之教言、具德上師之

竅訣的理解。具德上師要具備悲心、了悟與經驗。當我們領受竅訣時，必須敞開心胸、抱持信心與虔敬，其後也要以智慧和精進不懈來實修教導。從自己的體驗裡就能體悟，何為共同教導中的「無我」、何為大手印教導中的「本智」或大圓滿教導所稱的「法身唯一明點」。

錯認無常為恆常

教導提到，吾等凡夫總期望無常成為永恆，這一點我們應仔細思量之。每個人或多或少都對無常有粗略的了解，卻鮮少更進一步思考。在事物尚未崩毀前，我們總以為它是恆常不變的。舉例來說，在一個人死亡前，我們總認為對方是常在的；在杯子摔破前，我們以為杯子是不變的。這是對於無常的粗略了解，而若能領會細微層面的無常，就能體悟萬物每個瞬間、每個片刻都在改變，人們也在每個微細剎那中變化著。

「孩子長大了。」我們可能會用這樣的說辭來美化「變老」這件事。但實際上，孩子從出生起，無時無刻都在變老，而且越大越接近死亡。這同樣也適用於季節與其他一切

事物。我們說：「現在是夏天了。」雖然我們都知道夏天是無常的，但卻又認為夏天似乎不會停止。一旦夏天突然結束，我們就改稱作秋天。其實萬物每個剎那間都變化著，即使是堅實物體當中的微小粒子也是不斷在改變。未有一物能在每個片刻中保持不變，這就是細微層面的無常。

　　無常，是我們必須更加熟悉且不可忘卻的實相。我們要在心中增長對無常的了解，以此修習，就能減少我們對此生各種事物的執著，同時，也會增加對教導的理解，進而實修教導，並更能安住於平等捨的禪修。以了解無常的方式來修心，就更易於修持禪定。正如教導中提到：「若執著此生，則非修行者 ③。」若執著此生的事物且總是得不到滿足，這樣我們就浪費了時間，漸漸將生命耗盡。

　　無常有四種主要面向。第一是「生際必死」（一切出生必然死亡）。百分之百可以肯定的是，出生者終將死亡。這

---

③這是出自薩迦班智達在一次文殊菩薩淨相中所領受的教導，此句為四句偈言教導的首句。後幾句為：「若執著輪迴，則無出離心；若執著自利，則無菩提心；若執著生起，則失正見地。」【譯註】總稱為「遠離四種執著」，為薩迦派相當著名的教導。

一點無庸置疑，不過是時間的問題罷了。

第二種面向是「聚際必散」（一切相聚終將分離）。舉例來說，我每年在尼泊爾的寺院都會舉辦研討會，通常約有八十或九十人參加。數週後這些人就會分別；數月後每一位都將離開寺院；未來數年後，這些人則居住在世界的不同角落。有些人過世了，大部分的人也許再也不會相見。百年之後每一位都會死去，有些火化，有些則是深埋地底之下。千年之後，他們的姓名和一切曾存在過的痕跡都將徹底灰飛煙滅。這就是無常的真相。

第三種面向是「積際必盡」（一切積聚終將散盡），無論我們累積多少財富或有形資產，終究會被耗盡。

最後的第四種面向是「高際必墮」（一切建造終將損毀），無論是以鋼、鐵或多麼堅固的材質打造之物，終將分崩離析。

這就是無常的四種面向。就如熱是火的自性、溼是水的自性，諸法的自性即是無常。

固著於世間八法

除了把無常錯認為恆常，我們也把痛苦與喜悅搞混。我們不斷製造痛苦的因，像是想要壓制敵人、保護友伴等，把生命完全浪費在枉然、妄想與執著的世間八法當中。我們對自我的執著，是從出生以來就有的妄念，以為有一個真實存在的「我」，這樣的想法導致了驕傲、嫉妒、憤怒和執著的各種煩惱。我們直覺地認為自己的意見非常重要，而他人的意見則較不具價值。由於這個習氣，我們不在意別人的感覺和想法，反而想藐視他人，想用我們的言談、姿態和肢體動作來占上風。這就是所謂「誅伏事業」（壓制敵人的行為）。

我們會用很多方法壓制敵人或自己不喜歡的人。可能會真的殺了他們，或以毀謗批評來貶低他們，或試圖讓別人也反對他們，抑或對他們表現生氣的表情、不友善的眼神等。當其他人過得不錯或有好事發生時，我們也會感到煩躁。這些都源自於我們心中的執著與憤怒。像這樣因自我執著而生起煩惱，就是人與人，乃至國與國之間種種衝突的根本原因。

擅長政治的人從不直接壓制反對者，而是在背後運籌帷

握，讓其他人說出那些自己並不直言的話語。與敵人正面接觸時，他會和對方握手言笑，說些表達善意和合作的言語，但其實計謀想削弱對方的力量。如同這樣，會以直接、間接或隱晦的種種方式來制伏敵手。

　　言而總之，我們最主要的障礙就是自我執著，認為「我」的所想與所需最為重要。如此的我執持續不斷地緊緊揪住自己的心，以致我們永遠無法真正滿足。覺得任何情況都不夠完美，總是缺少了什麼，總是還需要什麼。就算得到自己需要的，我們又想得到兩倍；如果我們有一元，就需要兩元；如果得到兩元，就需要一百或一千元，有時甚至還是不夠，需要一萬或十萬元。

　　面對物品也是同樣的狀況，一開始難以得到自己想要的東西，但當我們得到珍視的物品後，要保存並不容易，或許會被打破、偷竊或磨損。再者，要增加我們所擁有的也不容易。到最後，我們擁有越多，就越是焦慮。窮人從不擔心失去他沒有的東西。從前人們會擔心需要餵養與照顧的牲畜與家僕，而現在我們更擔心科技用品與家電，如果東西壞了就得送修，這實在讓人心煩。

身為凡夫的我們，對世間八法的關注填滿了我們的心。我們執著快樂、稱讚、名聲、利益，反之則厭惡。同時又擔憂失去或是無法滿足欲求，為此承受痛苦。簡言之，未修行的多數人，會把生命消耗在關注世俗目標上，他們思及自己而幫助親友且攻擊敵人，把生命浪費在沉浸於世間八法的此生中陰裡，這多麼讓人傷悲。

到了夜晚睡覺時，我們像是喝醉或嗑藥一樣，毫無意識地入睡。如果無法把禪修的要點運用在睡夢中，那麼我們不過是一具會呼吸的屍體。有些人在酩酊大醉或藥效嚴重時，會變得非常粗魯而讓人厭惡，但在清醒時言行卻相當莊重。同樣地，有些人在熟睡時會顯得非常昏鈍愚痴，讓人難以辨認他們平常機敏的模樣。

在夢中，大部分的時間我們都忙著回應夢境，像是執著、憤怒或毫不關心等。有時夢境讓人很不愉悅，我們可能會作惡夢而想要逃開。而這些睡夢中陰以及禪定中陰，都涵蓋在此生中陰裡。

策列仁波切引用《聖寶源經》（*Sutra of the Noble Source of the Precious Ones*）裡佛陀所說的這段話：「執著惑念

故，有情輪迴泊。」④ 惑念與感知事物的方式有關，乃眾生未能了解諸法皆非真實且無實有所致。而透過相依緣起的道理，便能以邏輯的方式來領會這一點。明瞭這個道理之後，我們就能了解萬物並非真實，僅是相依而存。若沒有如此的了解，我們的認知就會錯誤，而與事物真實存在的方式衝突。而執持這些謬見與〔其他〕普遍的執著與瞋心，就是讓眾生在六道輪迴裡不斷漂泊的原因。

經文中接著提到，反之，能了悟事物平等自性者，即見如來，就是真正的佛陀。此人將成就寂靜之無上功德，這就代表他能如實了知萬物。佛與眾生的差別，就在於能否了知萬物自性❸。

無有偏見地實修法教

我已說明證悟者與凡夫對於此生中陰的不同體驗。然而僅僅聽聞這些敘述並不足夠，我們必須知道自己該做些什

---

④參見《正念明鏡》英譯本第二十頁。
❸《聖寶源經》的這段教證：「何人了達寂滅法，彼見自然如來尊。」譯文引自索達吉堪布《中觀根本慧論講義》。

麼。試著回想自己的人生，目前爲止我們做過哪些事情？再去思考，我們未來要做些什麼？讓此生過得最有價值和最具意義的方式是什麼？關於這一點，策列仁波切提到，無論是證悟者佛陀或是個人智慧的教導，都可作爲我們的參考。我們不應該盲信他人所說，即使是佛陀教言也不可盡信，而是要自己親身檢驗這些教導。唯有如此，我們才能發現萬物的顯現與其自性實相。爲了要對實相獲得確信，我們必須領受師長的竅訣，並學習如何實修教導。

在西藏佛教所謂的四大教派或傳承，每一派都有各自的特長與著重的方向。據說格魯派承襲經部法教，薩迦派承襲注疏法教，噶舉派承襲實修法教，寧瑪派則承襲密咒（眞言），也就是金剛乘的法教。格魯派與部分的薩迦派較著重學習與思惟法教，認爲對「五部大論」（五部學術著作）等主要佛教教導有透徹的理解是相當重要的。他們會以許多時間研讀這些經典，等到對教導有清晰的了解後，再開始眞正的禪修。而在噶舉與寧瑪傳承中，著重的面向則略有差異，強調要立即把領受的教導付諸實行。當然我們需要學習思惟教導，但人生短暫，不要在聞思上花費太長時間。我們必須

要在智識上有一定程度的理解，但也需要實修法教，親身實踐教導才是重點。除非我們希望成爲師長來廣大利益眾生，否則不需要追求智識上的詳細理解。

《正念明鏡》提到，在寧瑪傳承裡，我們應該如同歸巢的燕子。爲了要回到自己的巢裡，燕子首先會確定築巢處的安全與隱密。在確認安全無虞之後，燕子會毫不猶豫地直接返巢，這即是噶舉和寧瑪派的風格。我們必須對法教的重點，對「諸法皆空」有充足的確信。要做到這一點，就必須先追尋具德上師且向其學習。

教導提到，傳統上首先要善於檢視師長，其後是善於依止師長，最後則應善於吸收上師的教導與智慧。爲了達到這一點，務必要先追尋眞正的上師。若是找到江湖騙子一般的師長且盲目跟隨之，學習扭曲不實的教導，而使自己也成爲江湖騙子，這會是災難一場。覓得具德上師且以適當的方式領受法教、以正確的方式跟隨師長，這一點有其必要。我們必須眞誠地跟隨上師，用很多方式讓上師歡喜，無論想法、言語和行爲都毫無一絲欺瞞。

同時，我們也需要領受小乘的別解脫戒、大乘的菩薩

戒、金剛乘的三昧耶這三套戒律。以小乘的別解脫戒來說，最高的戒律是如出家僧尼的具足比丘和比丘尼戒，其次是沙彌戒和沙彌尼戒，而在家男女居士至少要領受皈依戒。此外，根據自己領受過的誓戒，我們必須持守別解脫乘、大乘與金剛乘的誓戒。策列仁波切談到誓戒時提到：「持守戒律應毫無一絲違背、破損過失或墮罪。⑤」一旦戒律與三昧耶壞損，應立即清淨修復之。

「在學習思惟一切經續乘別的次第時，不可有任何偏見，切勿偏頗或執著任何特定宗派。⑥」這是說，當我們修習佛法時，切莫想：「我是格魯派的」、「我是噶舉派的」、「我不喜歡其他法教。」避免這些偏見是非常重要的。我們要了解佛教與非佛教的法教各是什麼，因此學習和研讀都要不帶偏頗。了解教導中的不同見地，才會明白何者正確。若不曾學習，我們如何能辨別法教當中的正邪之分、實妄之差呢？同樣地，我們需要透徹了解非佛教（外道）的哲學與學

⑤參見《正念明鏡》英譯版第二十一頁。
⑥參見《正念明鏡》英譯版第二十一頁。

派，才能知道這些教導是否正確。雖然教導提到，以佛教來說，三百六十個非佛教學派的見地都不究竟，但我們若宣稱只要不是佛法就不正確，這是不合理的，如果抱著這樣的態度就非常愚蠢。原因為何呢？其因並不在於佛教與否，而是這些外道的見地禁不起邏輯與義理的檢驗。「邪見」之所以不正確，是因為其與萬物的自性相違，所以外道的思想被稱為邪見。這一點非常重要，務必要避免宗派主義。

廣學法教的最佳典範

不以偏見學習的最佳典範就是現任達賴喇嘛尊者。尊者曾在各大不同傳承的大師座前學習並領受教導，而不僅限於自己的教派。在西藏，第一世欽哲，蔣揚·欽哲·旺波，與繼任者欽哲·確吉·羅卓都提倡不分教派的利美運動。第一世頂果欽哲仁波切則曾學習各傳承的所有法教，在傳法與實修上都受到所有教派推崇而共舉為無與倫比的大師，他就是我們應當追隨的典範。「若入歧途，貪求廣學，則唯追逐詭辯文字，難以了達真實義。所學應當入心，自身修持

之。⑦」一旦我們認爲自己對佛法的學習已經足夠，可以向他人闡說道次第與教導的所有細節，這時就已經扭曲了我們的佛法學習。什麼是學習的關鍵？重點是要獲得一定的理解，讓覺受得以生起。若只是把佛法視爲知識理論，就浪費了教導。

我的上師之一，固努喇嘛丹增嘉措（Kunu Lama Tendzin Gyatso）是印度人，出生在喜馬偕爾並學習梵文與巴利文，後來在錫金開始學習佛教科學，而抵達西藏後則分別在色拉傑與哲蚌寺學習，最後他來到康區。他非常博學但也相當自傲，覺得在康區沒人比得過他。抵達噶陀寺後，他見到噶陀司徒仁波切，但沒什麼特別印象。他心想：「爲什麼一個如此無知的上師可以當這麼大寺院的住持，還有這麼多僧眾？這是怎麼回事？」

固努仁波切很喜歡閱讀，他想待在圖書館裡進行「圖書館閉關」。這是指學者把自己關起來一段時間好讀完所有的書，研究誰曾撰寫哪些著作等等。當他去向噶陀司徒仁波

---

⑦ 參見《正念明鏡》英譯版第二十一頁。

切提出請求時，噶陀仁波切回答：「我們的圖書館沒什麼特別，但確實有不少好書。要把這些書全部研究完得花上你好多年的時間。不過，也許花上五到六個月的時間，你就可以把大部分的書讀過。」

固努仁波切在圖書館裡發現許多以梵文與巴利文抄寫的印度原版貝葉經手稿，也找到很多他從沒聽過的書。他後來提到，那些梵文拼音非常糟糕但意義仍然完整。與噶陀司徒仁波切討論過後，他才發現仁波切其實很懂梵文，也很熟悉這些書中的所有教導與含義。從那刻起，信心與虔敬在固努仁波切心中開始紮根。

現在若你問其他人，固努仁波切是屬於哪個教派的？基於固努仁波切不分教派的精神以及廣博的學問，寧瑪派的行者會說他是寧瑪巴，因為他曾領受許多寧瑪大師的法教；格魯弟子則會說他是格魯派，因為他依循格魯派的教導受法且傳法。因為固努仁波切曾四處修學，若是問不同教派的人，會得到不同的答案。但如果問固努仁波切本人，他大概會說：「我只是個修持經部與續部的佛教徒。」像這樣學習所有教派的法教，同時又完全不帶任何偏見，若我們能仿效這

一點就再好不過。倘若做不到這一點，至少我們不應蔑視其他教派。

也許我們沒有足夠的時間或智慧來完整吸收全部的佛法教導，因此我們就要依循自己領受的法教並實修，同時不貶低其他傳承。上師傳授的竅訣就總集了一切聞思學習的要義。我們應當毫不懷疑地讓竅訣滲入己心。就算只是領受四句的教誡，我們都要用心理解並實修之。否則，領受任何教導都沒有意義。

佛陀宣說了諸多教言，且相關的釋論也相當豐富。除非能有最高的精進與智慧，否則無法探究並了解所有法教。因此，應當實修自己修學上師所給予的竅訣，這一點至為重要。上師可總集所有教導，成為我們可運用的法門。切莫只是領受教導，務必要用心吸收法教。

從了解教導直到去除所有懷疑，這個過程就如同煉金。濾除了無用的雜質後，我們就會得到純金。領受教導並實修，我們就能得到一些體悟，但仍然帶有疑惑。若要增長對教導的了解，就要一再地向上師釐清自己的疑問。重複地實修和領受教導，我們的了解就會變得越來越精粹，最後將不

再有任何懷疑。這就好比在尼泊爾這樣的地方，若要讓水能夠飲用，我們會把水煮沸很長一段時間去除所有微生物，最後才能得到可飲用的純水。我們也要如此精煉自己對教導的了解。

僻靜以專注修行

若不捨棄一切的世俗追求，我們就浪費了此生。人們有時會說：「我沒有時間修行。」為何會如此說呢？這是因為他們太過於一心一意要為生活的舒適作準備。由於人們汲汲營營於工作、計畫各種安排或努力追求一些目標，有時甚至沒有時間好好吃飯或睡覺，我的老師常說：「人生都在準備。就在你忙著準備未來時，此生已經消逝；直至死時，仍未完成準備。」人們追逐物質，購買想要和喜歡的物品。但他們往往在找到時間穿過所有衣服、使用所屬積蓄或享受這些物品之前，就得面臨死亡。

策列仁波切提到哪些人會把修行視為人生中最重要的事。一般來說可分為僻靜處獨居者、出家並過著寺院生活者、想要在一般生活中修行者這三類修行人。往昔在西藏和

印度，把修行視為生命最重要之事且真正成就的行者不計其數。猶如大河江水那般為數眾多的人拋棄了世俗，專注修行而最後獲得證悟。其中最有名的就是至尊密勒日巴，他對世間的短暫享樂毫不執著。若是他受邀到五星級飯店，不但不會高興，反而會想：「這毫無意義！要是以為這些奢侈享受能有一絲永久的快樂，就太過愚蠢了！這一切都是徹底的無常！」甚至，他會因為見到這些無意義的追尋而悲傷不已。

大部分人滿腦子都想著要打敗敵人和保護親友，他們把錯謬誤以為真實，把無常視為恆常，還受到五毒的束縛。他們因為八萬四千種煩惱，因為貪、瞋、癡而累積了業。就算身處僻靜之地，他們也許會待上幾個月或幾年的時間，最終仍然放棄。他們閉關的理由可能是厭倦了世俗的煩擾，也可能是身邊親友的死亡，又或者跟自己伴侶、男友或女友相處不佳，總之就是由於某些遭遇而對世俗感到厭倦而想要修行。但因為還沒有完全斷除所有的繫縛與執著，一段時間後又會回到文明社會和其他人一起生活，回到過去的習氣。這樣不好，更好的做法是完全切斷所有執著。

為何要去僻靜處呢？獨處則默然，默然則心寧謐。唯有

當自己不被世俗打擾時，我們才得空閒而能百分之百專注修行，因此修行者應該要待在乾淨且安靜的僻靜處。許多大修行者都說過，在有著潔淨水和清淨空氣的乾淨處，心會變得清明而易於獲得了證。在這樣的處所，將有機會迅速增長覺受與了證。但若是忙碌於經商與世俗，修行進展就會緩慢許多。

教導中常提到，最上等的修行者會捨棄世間而居住在寂靜深山之中。佛陀對待自己的王國就像對待一堆稻草或一窩蛇類般將之拋下。但與僻靜處的鳥群或動物不同的是，他把自己的身、語、意全然投入修道。雖然教導提到最上等的行者會拋棄世間八法而定居山中，但只是待在寂靜處並不足夠，最重要的其實是自己的心態。反之，若我們能在一般日常中修行，不因心中生起的煩惱而心思渙散，這樣甚至會比閉關還能更快獲得進步。儘管如此，捨棄世間八法、放下對物質的執著，這仍會有極大助益。

對我們來說，要立即拋下一切非常困難，而即使只是試著要在世俗生活中修行，都能帶來相當大的助益。具有廣大智慧和精進的人其實在任何狀況下都能修行。很多動物與鳥

群也生活在山間洞穴裡，但對牠們來說，是否身處僻靜並沒有什麼特別的意義。

了悟空悲雙運

所有法教的要點，就在於了解空性與悲心的雙運，這也常稱爲「具大悲精藏的空性」（空性大悲藏）。若能了悟最重要的這一點，就算沒有廣博學習也能獲得證悟。但是，若未了悟空悲雙運，縱然已有許多學習，也能闡釋所有教導且能撰寫著作，仍不足以成就菩提。這些事業在究竟上並不足夠，故仍將繼續漂泊輪迴之中。「佛果」是指清淨一切垢染且圓滿證悟功德。「佛」並不是一個蒐集很多資訊的人，佛果不是只依靠學習和思惟，而是由禪修所成就的。

有人也許會想：「如果只需要了悟空悲雙運，那麼智慧、信心和虔敬的意義爲何？」一切功德其實皆攝於空悲雙運中。這些功德，如何由「具大悲精藏的空性」所涵納呢？在了悟空性與悲心無二無別的狀態中，本來就有著大悲智。認識到這一點時，虔敬和信心就變得無可撼動，再也沒有任何懷疑。

然而，目前我們尚未圓滿證悟，對上師的虔敬就如同月的陰晴圓缺，搖擺不定。若上師態度仁慈，說話悅耳，我們就感覺自己有極大虔敬。但當上師批評我們、說些自己不喜歡聽的話語，我們的信心瞬間消逝無蹤且惱怒不已，隨口就想批評或貶低上師，甚至生氣而跟上師爭執。這就是我們信心的易變本質。為何如此呢？這是因為我們缺少對空性的真實了悟。對空性的了解更多，就自然能對了悟者與佛、法、僧生起更大的虔敬和信心。現在我們的空性見地僅僅是理智上的概念，我們的悲心和虔敬也只是造作且虛假的。然而，一旦我們對「具大悲精藏的空性」之內在了悟漸露端倪，所有這些功德就會真正生起。正如水的自性為濕、火的自性為熱，對空性的真實洞悉，其自性即為悲心。

儘管我們也許已了解空性的自性，但仍不應小看善惡之果，而是要對因果不虛有堅定的信心。務必要依循勝者〔佛陀〕的教言，融合見地與行為來訓練自己。只了解正確的空性見地仍不足夠，這只是個開始。我們必須依循法道，沿著〔菩薩〕十地前進。若剛開始修持時過於強調空性見地，可能會用理智說服自己：「一切皆空。無因無果。實相完全超

越了表面的顯相。」基於這類缺乏親身體驗的信念，反而可能會輕忽自己如何待人接物的重要性，這就扭曲了我們的修行。理智上的信念可能會帶來樂、明、無念的禪修覺受。修行者也許突然感到像是證悟了，以爲自己已完成修道，再也沒有什麼要做、要培養的了。這種錯誤信念將成爲〔在道上〕進展的強大阻礙。因此，甚爲關鍵的一點是，務必敬重因果法則。

十善與十不善業

　　正因爲萬物都是表相或相對存在著，我們就必須了解善行與惡行的差別。我們的確會感受到快樂與痛苦；我們的生命有著過去與未來，善行與惡行都會帶來後果。我們所經歷的任何際遇，在表相上都是眞實的。但在究竟上，主體、客體等諸法自性皆只是「如是」，完全離於生、住、滅的戲論。這是究竟的實相，然而相對的實相亦爲眞實。因此，既然諸法都是緣起相依，尚未圓滿證悟前，我們都必須謹愼思量善惡行爲，累積有相的福德資糧與無相的智慧資糧。尤其要避免十不善業的惡行且奉行十善業的善行。這是爲何呢？

正如孩童還不是成人、芽還不是花，智識上對見地的理解不等同於證悟。這個理解是未來會成為盛放花朵的種子，但現在仍未成熟。植物的成長需要許多條件，必須要有種子、沃土、水分、光線、溫暖、空間和肥料，也必須等待時間。當這些條件同時出現，植物毫無選擇地一定會生長。但若是少了一個條件，植物就會缺少成長的力量。

在作物完全成熟之前，給予細心的照料是非常重要的。也許會遇到冰雹與寒風，也許水分太多或太少。一位熟練的農夫會保護作物不受這些惡劣狀況的影響，有時情形可能非常嚴峻。為了讓作物成長，最關鍵的就是種植的處所。土地必須穩固且無腐蝕或鬆塌。對於我們這些修行人來說，這代表一開始要穩定與堅決，同時也需要悲心的滋潤與虔敬的溫暖。當這些條件具足，空性的花朵終將盛放。這就是關鍵。

每個宗教都有自己對善惡的定義。佛教認為，善惡業是由身、語、意而造。在各種法乘中對於如何免除惡行、奉行善行都有各自的道德規範，如小乘的別解脫戒、大乘的菩薩學處，以及金剛乘持明者的三昧耶。

接下來要說明的是所有誓戒的基礎，也就是應斷除的

十不善業。首先，身的不善業是殺生（殺害生命）、不予取（拿取未給予自己之物）和非梵行（不正當的性行為）。與殺生相反的是護生（愛護其他生命），與偷竊（不予取）相反的是慷慨布施，與非梵行相反的則是合宜如法的生活。斷除惡行、奉行善行，將會帶來極大的福德。

和語相關的則有四種惡行。一天之中。我們就可能犯下妄語（說謊）、離間語（兩舌）、惡口、綺語的惡行。也許自己沒有注意，但我們很容易就會稍微扭曲言語而說謊；在傳達訊息時，也可能會加上毫無意義的言語而影響他人；又或者是用嘲弄的話破壞他人之間的關係。要留意這些行為，同時，若能想辦法斷除，則能帶來極大的福德。

最具破壞力的惡行就是意業，也就是害心、貪心與邪見（錯誤的見地）。所有宗教都一致認為害心與貪心是惡行。貪心是指欲求他人的所有物，當察覺他人的受用、福德與財富時，心中生起不舒服的感受。與貪心相反的，就是隨喜他人擁有的一切。害心，則是指想要傷害他人的意圖；努力培養利益他人的動機，就能減少害心。另外，邪見的定義較為複雜。佛教徒所認為的邪見在其他宗教中可能是正確的見

地，這一點相當細微，我們將用較多的時間來檢視什麼是邪見，也就是第十種不善業。

邪見真正的意義為何？邪見是指對四聖諦的誤解。學習與理解四聖諦就可自然消除邪見。四聖諦並非超越我們的理解，任何人只要去思惟這些內涵就能了解。毋須成為哲學家或研讀無數的書籍才能理解四聖諦。四聖諦即是苦諦、集諦、滅諦與道諦。

第一的苦諦是觀察眾生且了解眾生痛苦與折磨的種種體驗。第二的集諦是要探尋造成眾生苦難與不幸的真正原因，了知其因就是煩惱和造成結果的行為，這些行為也稱作「業」。第三的滅諦是斷除導致痛苦的成因，以此帶來快樂。無論是阿羅漢或佛陀，以佛教的用語而言，只要是止息了痛苦之因就稱為證悟。第四的道諦是指通往證悟的法道。我們能否瞬間到達房屋的屋頂？又或得爬上階梯呢？為了要到達某個地方，很顯然地，我們必須要踏出步伐、走幾步路。佛教將此稱為依循「菩提道」（證悟之道）。一旦了解四聖諦，我們就會關注因果法則，而如此的關注就會激勵自己投入佛法修持。

我們應依循正等正覺勝者釋迦牟尼佛的教言，融合見地和行止來訓練自己。有些人輕視見地，以爲行止才是絕對的重要。把行止置於見地之上並非是速捷之道，好比身體強健卻雙目失明，只是盲目地快速行走而無法到達目的地。相反地，若同時有智慧的雙眼與健康的身體，我們很快就能抵達終點。

在此生中陰裡證得解脫

現在我們正處於此生中陰，也就是出生與死亡的過渡期間。這能維持多久？無人能知，沒有誰可以保證自己能活多久。我們已經度過美好生命的大半時光，都已長大成人且可能無法壽達六、七十歲而再更超過多久。我們應該要開始倒數自己的人生。

當自我執著完全耗盡之時，一切二元對立且迷惑錯亂的體驗都會瓦解，再也不用經歷任何的中陰。然而，只要我們還執著自我且將「我」（自）視爲獨立實存，那就還會有「他」、「彼等」（他們）與「彼」（那個）的分別，迷惑錯亂的體驗也將持續下去。

最重要的中陰就是此生中陰，之後的一切際遇都與此生有關。這一生最重要的成就即為解脫，也就是證悟。即便我們無法獲得圓滿解脫，至少也應該要努力達到一半的成就。又或者我們至少要踏上佛法之道，如此我們在臨終中陰時才能有更多解脫的機會。

　　在法性中陰和投生中陰的階段，我們也有其他解脫的可能。正如足球比賽結束前的最後五分鐘，我們還有機會射門得分。但當最後一秒結束時，就失去了所有機會。生命就像足球賽，我們必須非常謹慎使用在此生中陰裡的剩餘時間。常有人問：「在中陰裡我應該做什麼？死亡後我要做什麼修行？法性中陰聽起來好像特別有趣！」單單囤積教導，卻未在此生修行，這樣是毫無意義的。現下使自己能夠純熟掌握自心，並使修持達到穩固，才是死亡之際獲得解脫的關鍵。倘若此生從未有任何修持，那麼想要在法性中陰、尤其是投生中陰獲得解脫，機會將非常渺茫。策列·那措·讓卓特別提到，死後的三個中陰完全取決於此生的作為。如果我們現在能有最好的修持成就，就不必擔心還得經歷之後的中陰。若是現在能有一些體驗，在臨終之際或後續的中陰階段裡，

我們將有很大的機會獲得解脫。因此，最為重要的就是此生中陰，也就是我們現在的狀態。

人們經常計畫要修持佛法，尤其是夢想進行長期閉關。我們計畫閉關小屋的模樣、形狀和處所，計畫什麼時候開始，也許一年、兩年或三年之後開始閉關。做這些計畫很容易，但要讓計畫成真則困難得多。所以，不要從明天或明年才開始，更實際的是從今日此刻就要修持佛法。以自己目前的條件來開始修持，否則當你還在打算未來如何修持時，生命很可能就已經走到終盡。別做那些長遠的計畫。

有句話說：「佛法只屬於精進的人。」坦白說，從來都沒有誰阻止我們去修持法教，一切都掌握在我們手中。一日之中的任何時刻，就算是吃飯或如廁，我們都能用來修持。若把生命花在計畫卻從未真正修持，下一個瞬間很可能就為時已晚。死亡來臨時，那些對修持佛法有興趣但從未真正修持的人將充滿悔恨。有些走到死亡邊緣的人甚至會捶胸自責不已。

蓮花生大士曾說：「誤以時日多，臨死方忙亂，悔恨亦枉然。⑧」這也就說明，直至一切已來不及時，後悔也無濟

---

⑧參見《正念明鏡》英譯版，第二十二頁。

於事。因此，為了獲得在各個中陰裡獲得解脫的能力，我們務必要從現在開始訓練自己。

很多人以為中陰不過是之後的事，以為那是死後的強烈恐怖體驗。其實，我們現在就正經歷著中陰，現在就要修持。最重要的是聞、思、修且有親身的覺受，尤其要修持能認出空性的覺知。

佛陀法教以八大修道車乘於西藏弘揚，每個教派都融合經部和續部的教導來修持。噶舉、寧瑪、薩迦和格魯等四大派仍流傳至今且法教興盛。

禪修的精要修持是中觀、大手印或大圓滿的法門。應當要在為時不晚前修持這些法教要義。策列仁波切提到，不管是何種佛法的修持，當我們領受竅訣時，就進入了與自身業力與潛藏力相符的法乘之門，以此緣故，我們的修持應當能讓自己成熟解脫。這代表著無論是何種法門，我們都必須修持自己領受的法教，無論小乘、大乘或金剛乘亦然，我們要一心專注於自己所領受的教導並且實修。

3　佛法修持

　　前一章強調三個重點，首先是如何定義此生中陰；其次是一般屬於迷妄且未有太多修持的人如何體驗此生中陰；最後，以聞、思、修成就法道之行者，在此生中陰可得到哪些修持佛法的成果與助益。先前已大略講解此生中陰的修行竅訣，現在就來仔細解說細節。

　　若要憑藉金剛乘的修持而在此生獲得解脫，有三件不可或缺的事，即成熟灌頂、解脫竅訣，以及作爲輔助的口傳。此處的口傳是指傳承持有者朗聲讀誦文本，聽聞者藉此得到修持教導的完整允許。

成熟灌頂

　　談到成熟灌頂時，策列仁波切曾斥責當時的師長與修行者。首先是關於師長的部分，他提到：「於此黑暗濁世，依

密續與持明祖師傳統進行儀式之上師，鮮矣！①」上師可分為優秀、一般與低劣等三者。策列仁波切說，低劣的師長只是為了財富、名譽、聲望的種種個人利益而給予灌頂。此外，請求灌頂的學生也常只是為了世間目的，例如為了免於一時的疾病、傷害和魔障，抑或為了獲得地位、友伴、財富與長壽。許多人領受灌頂只是為了聲望，想被他人視為具有一定修為的行者。他們也許穿著特殊的衣著、手上戴著念珠或頭頂戴著尖帽。但事實上，他們並非真的想修持法教。有些人參加灌頂是為了在人群中尋找交往的對象；有些則只是來看看發生什麼事，上師是誰、長相如何、有多少人參加、大家怎麼打扮等等。有些只是為了娛樂，把灌頂當成劇場表演。諸如此類的動機不會有多大幫助。

　　諸位務必要有正確的發心。為使未成熟者得以成熟、使未解脫者得以解脫，我們要以內心深處的強烈信心祈願自己能解脫輪迴，並證得遍智佛果。為了希求迅速獲得證悟以利益他人，我們因此領受教導與灌頂。這才是我們應有的唯一動機。

---

①參見《正念明鏡》英譯版第二十二頁。

　　若要眞正進行灌頂和口傳，重要的是，上師與弟子都必須具足條件。弟子需要具備值得領受教導的一些特質。弟子必須誠摯，只是僞裝成堪爲法器的樣子是不夠的，而必須有眞實的信心和虔敬。同樣地，上師也必須已然了悟到一切存有、世間與眾生皆是本尊之壇城。

　　所謂傳授，是指上師將某個東西傳遞給弟子。此處所談的並非某個有形或堅固的物品，而是更加細微的傳遞。正如兩根蠟燭，當一根蠟燭已點燃，另一根蠟燭僅只是接觸其火焰，刹那間也會被點亮。要成爲具格的灌頂領受者，我們就要像準備接住火焰的蠟燭，而不是潮濕且燈芯細小的蠟燭。應當要具備一切有益的條件，若所有條件具足，灌頂時傳授就會自然發生。

　　灌頂眞正的目的是什麼？灌頂是指弟子生起一些了悟。倘若弟子心中沒有因而出現任何洞見或增長一些了解，那就只會獲得參與該次灌頂的加持，而這種利益也只能遣除暫時的外境障礙。生起了悟、引發洞見，才是灌頂的眞正意義。

　　除非在灌頂時產生某些了悟，否則灌頂儀式不過是孩童的遊戲。藏地的孩童會把物品放在頭上，假裝爲對方灌頂。

當大人看到這些場景時，會認為那只不過是遊戲，若是因此當真，就非常愚蠢了。同樣地，倘若上師和弟子都以欺瞞或模仿的心態來進行灌頂，這顯然無法使自心成熟。

四級灌頂分別引介四種層次的了證。通常四級灌頂是以多年的時間漸次領受。儘管如此，有些人能即刻了悟他被引介的了證，如此就不需分別領受四灌。因札菩提國王就是這種「聞即解脫」的例子。

第一灌頂稱為寶瓶灌頂。領受寶瓶灌頂時，我們應當認出「顯空不二」（顯相與空性無二無別），意思是了悟到任何顯現與體驗皆是不實且如幻的。領受第二的秘密灌頂時，我們應當獲得一些對「明空雙運」的了悟。第三灌頂稱為智慧灌頂，經由心意明妃或事業手印以了悟「樂空不二」。第四灌頂是珍貴的文字灌頂（句義灌頂），我們要完全融於法身唯一明點，這是真正的大手印與大圓滿，也就是輪涅諸法的真實自性。於此之中，無論任何顯現或存有，都全然超越生、住、滅。

傳統上，灌頂時會以各種象徵證悟身、語、意的陳設物來莊嚴壇城。當具德上師遇到具格弟子時，這些精心設置的儀式物品就不那麼重要。儀式中的象徵物放在我們頭上時，

我們常會想：「現在我得到了灌頂。」但若是陰錯陽差我們頭上沒被敲那麼一下，自己就會覺得：「我錯過了，我沒有真正得到灌頂。」這是常有的狀況。但是真正傳遞大手印或大圓滿見地的，並非是這些觸碰頭頂的物品，而是其他更重要的東西。那又是什麼呢？

首先，領受灌頂的整個意義就是要獲得了悟。傳統上說：「灌頂本質即為了悟智慧。」除非我們心中生起這樣的洞見，否則就沒有真正得到灌頂。一個人可能領受了幾百萬個灌頂，但仍錯失重點。

在傳統的灌頂儀式中，上師會穿著高貴優雅而坐在錦緞裝飾的高大法座上，弟子則沐浴淨身、穿戴上好衣裝而進入會場頂禮並做供養。通常會有一排隊伍捧著供養物，另一排捧著灌頂所依物，雙方不時交錯。在儀式按照程序進行時，上師則為大眾指出實相。我並不是說這樣進行灌頂不對，然而，倘若我們忘失重點，不記得要在這繁複儀式中認出洞見，那麼這一切不過是做做樣子罷了。無論是美輪美奐或中規中矩的灌頂儀式，都是其次。如果非要有富麗堂皇的儀式才能生起了悟，那就應以此進行，不過這並非重點。有許多

偉大成就者的故事，如帝洛巴與那洛巴、馬爾巴與密勒日巴等等，他們都是以非傳統的方式領受灌頂。我們應該要讀讀這些成就者生平故事的譯本。

我最喜愛的故事中，有一則是關於那洛巴與他的老師帝洛巴。那洛巴在遇到帝洛巴時，已經是一位大學者，具備了大量的研讀和廣博的學習，但他覺得自己對大手印的了解，只停留在智識層面而缺乏直接經驗。他一再請求帝洛巴：「請給我口傳，請授予我直指心性的竅訣和大手印灌頂。」帝洛巴卻是徹底忽視那洛巴，對他毫不在意。實際上他對待那洛巴非常嚴苛，讓那洛巴歷經許多艱難。有好幾次，帝洛巴都讓那洛巴遭到別人的毒打。直到某天，帝洛巴脫下拖鞋，出奇不意地往那洛巴臉上賞了巴掌。一時之間，那洛巴被震懾住了。當他回神時，他獲得與帝洛巴同等的證量。這個例子說明了毋須諸多精巧物品也能傳遞灌頂的道理。這個故事也證明傳授並非一定要靠頂禮、祈請、佛龕壇城等繁複儀式才能傳達。寧瑪傳承裡也有類似的故事。當師利星哈為毗盧遮那傳授時，採取了較為溫和的方式。他沒有拿拖鞋打毗盧遮那，而是遞給他一顆蘋果。教導提到，就從這個

遞蘋果的簡單動作中，毗盧遮那得到了大圓滿「本覺妙力」的完整灌頂。

　　還有一則關於岡波巴見到密勒日巴時的故事。密勒日巴是一位瑜伽士，而岡波巴則是持守寺院戒律的僧人。第一次見面時，密勒日巴迫使岡波巴喝下以顱器盛裝的青稞酒。岡波巴猶豫了一會，他想：「我是僧人，要是喝酒就破了戒。這麼多人都在看著我，他們會怎麼想？以後會怎麼評論我？」但密勒日巴只是堅持地說：「喝！喝！」岡波巴不再多想，把青稞酒喝得一滴不剩，同時也獲得甚深了悟。由此可知，當具德上師要為具格弟子灌頂時，並沒有固定的規則。灌頂不是靠寶瓶觸碰頭頂，或者以任何特殊的證悟身、語、意象徵物來給予加持。

　　還有一則關於巴珠仁波切（Patrul Rinpoche）❶的故事，大家可能都讀過他的教導。巴珠仁波切非常博學且隨時都在進行修持。但因為他看起來總是在睡覺，人們並不曉得他是一位大修行者。他似乎什麼事都沒做，行徑相當古怪且往往

---

❶另譯為：巴楚仁波切、華智上師等。

不依慣例，甚至有些離經叛道。雖然他已是了悟者，但還是時常參加其他師長的傳法，隱姓埋名地坐在後頭。大多時候他會往後靠著，有時則睜眼張嘴地躺著。他常會躺在外頭，什麼也不做，就只是看著天空。

有一次，他行經東藏的佐千寺，那裡住著一位博學多聞但尚未對見地生起絕對信心的堪布。堪布請求巴珠仁波切給予直指心性的竅訣。他鍥而不捨地請求，卻只得到仁波切偽裝無知的回應。堪布懇求了好多次，不停地說：「請為我灌頂！請給我教導！」巴珠仁波切只淡淡地說：「喔，喔，再看看。」接著仁波切又躺在外頭看天空。堪布心想：「我把他視為上師又渴求受法，說不定我應該像他一樣。」就在那一天要結束時，他也到外頭大手大腳地躺下，睜眼張嘴地看著天空，整個人完全放鬆。這時巴珠仁波切問：「嘿！堪布！你看見什麼？」堪布回答：「我看見天空。」巴珠仁波切回：「對，對。」一陣子過後，巴珠仁波切又問：「你在天空裡看見什麼？」堪布回答：「我看見月亮。」巴珠仁波切說：「對，非常好！」過了幾分鐘後，巴珠仁波切又問：「你有聽見那些狗朝著佐千寺吠叫嗎？」堪布說：「對，我

也聽到狗兒們在叫。」這幾句簡單的交談，就讓堪布領受了完整見地的傳授。堪布後來成就了非常高的證量 ②。

解脫竅訣：轉心四思量

得到真正的成熟灌頂後，我們也應領受解脫竅訣。這包含「轉心四思量」，是關於如何轉化自心，進而希求解脫輪迴的共同教導；其次是不共的內前行教導；之後則領受生起次第和圓滿次第的修持教導。

轉心四思量對修行者來說非常重要。若我們無法掌握輪迴本身毫無意義的實相，就會受到各種迷妄的輪迴體驗所吸引，而導致分心渙散。若對輪迴不生厭倦，我們就無法真正

---

②此故事的詳細內容可參閱祖古東杜仁波切所著《佛心》（Buddha Mind，紐約雪獅出版社，1989 年版，第 127-128 頁）。祖古東杜仁波切翻譯了故事中堪布所說的話：「在內心（對此了證）獲得定解之刻，我就從『這是』與『這不是』的束縛中解脫。我已了悟本初智慧 …… 空性與俱生本覺〔雙運〕。我因蒙上師加持而得此了證。」亦如薩惹哈（Saraha）所言：「心中攝受上師教言者，見〔真諦〕如掌中之珍寶。」祖古東杜仁波切對此的注釋如下：「其後如理檢視巴珠仁波切所說，其言無非是指眼識與耳識皆為本覺。然而應當了解，這是因為對心要實義之了悟，以此等加持的傳遞，故得以（透過文字）引介（大圓滿）〔直指竅訣〕。」

修持。轉心四思量包含了思惟：人身難得、無常和死亡、業力因果，以及輪迴過患。務必要將轉心四思量帶入心中，以遠離輪迴裡的諸多渴求。

四轉心的第一點是要思惟珍貴人身的難得。人身是修持佛法的最佳助緣，而投生爲人之難，根本超過我們的想像，也因此彌足珍貴。尚且，只有獲得人身還不夠，人身無常且不會長久存在。有生，必有死。雖然我們現在珍愛自己的身體，以最好的食物滋養它、用精美的衣物裝飾它。然而，一旦維持身體的能量消失，身體在宣告死亡之後，就發出令人作嘔的氣味且令人厭惡，而這副死屍也無人想碰，沒多久就會被棄置不顧。這個肉體將來必定死亡，這是無庸置疑的。

若我們思惟無常與死亡，就不會有自己能活很久的信心，因此感到需要立即修行。也不會再做長遠計畫，而是努力善用自己的時間。

那麼「業」又是指什麼呢？當我們死亡時，呼吸停止，身體遭人丟棄，財產被人取走，我們能保有的只剩下過去行爲所造的業果。什麼是業力因果呢？善行與惡行的結果又是什麼？這些都是我們需要學習的。一旦了解善行與惡行、造

業行為與因果的關係，我們就會對佛法修持的法道生起確信。這就是善用因果法則。

死亡後，我們的意識將到什麼地方？會投生到六道何處？只要我們還受困在心的迷妄習氣中，無論我們投生至有漏輪迴六道的何處，都無法免於痛苦。地獄道、餓鬼道、畜生道等下三道的眾生都處於不幸與受苦之中。即使是天道、阿修羅道與人道等三善道的眾生，也得不到究竟的快樂。關鍵在於，只要我們還保有二元執取和自我執著，僵固地緊抓自我的概念不放，就會一直陷入迷妄的體驗之中，無法離於痛苦。唯有修持殊勝佛法，才能真正斷除導致持續自我執著和迷妄體驗的成因。因此，修持佛法非常重要。學習並實修教導，就是善用珍貴人身。

若能將轉心四思量的共同教導謹記在心，我們便準備好而能進入金剛乘的不共內前行（加行），也稱為「四種十萬修持」，其包含皈依大禮拜與菩薩戒、金剛薩埵持誦、供曼達，以及上師相應法。金剛乘是個有著諸多方便，既善巧又不需苦行的法乘。這些前行修持可以非常迅速地清淨我們的惡行與身、語、意的遮障。

正如這句著名偈言所說的：「遮障清淨時，了證任運顯。」也就是說，阻礙我們成就了證的，正是自己的不善業和遮障。這也就是淨罪修持的用意。

金剛乘：本尊修持

在金剛乘、也就是密咒乘之中，非常強調本尊修持。我們以這些修持契入圓滿佛陀的身、語、意。正因為我們很難立即去除自我執著，為了要能脫離自我執著，我們觀想彩虹光身的本尊、持誦本尊咒語、安住本尊證悟密意的平等捨之中。透過讓自己熟悉於本尊的無形意象，而減少執著有形實存之習氣。以此觀修，我們最終就能獲得明空雙運之身。

藉由觀修本尊身相、持誦本尊音聲之咒語，以及安住本尊心意的平等捨之中，我們就會了悟萬法自性。這是何故呢？現在，我們身、語、意的自性本來就是清淨三身，也就是證悟的狀態。我們通常認為自己的「身」是有形身體，認為「語」是二元的聲音溝通，認為「意」是二元思考所建構的心。我們身、語、意的自性本然清淨，縱然目前受到障蔽，但經由本尊修持，我們因此受到引介而能認出如此的自性，這就是

本尊修持的根本目的。透過不斷感知身體的顯空雙運、聲音的聲空雙運、自心的覺空雙運，就能以此了悟三身。

從各個上師領受灌頂與教導後，我們可能會開始想累積數量且細數資歷。然而，若只是想著：「我已經領受了這個、那個。」僅具有此等領受傳授的膚淺信心，並無法帶來解脫。我們受法的唯一理由就是要讓自己解脫。成熟灌頂與解脫竅訣應該要能減少煩惱、增長智慧功德，從而解脫自心。要把這一點視為真實不虛的準則。若只是蒐集領受過的法教與灌頂筆記，卻未將竅訣與口傳付諸實修，如此將無法減少我們的煩惱。

解脫是指捨棄分別念、打破迷妄執著。倘若我們無法成功做到這點，猶如把茶倒入破裂的杯裡，沒多久就會流光。我們必須仔細檢視自心，看看我執與耽著的習氣會帶來那些過患與痛苦。這件事無人能為我們代勞。

無論自己修持什麼法門，都應該要生起一些徵兆。以基、道、果來說，法道上的徵兆會顯現為修持的成果。在法道上前進，應能獲得上述所說的果。

雖然金剛乘的見地非常細微且深奧，但自己的一切行為

都要務必謹慎，禪修也不例外。若是誤解了教導，或是過於著迷各種可能生起的禪修覺受，都很有可能讓我們走上歧路。

我們可以修持三乘、九乘或四部密續等不同層面的教導。有一個很好的比喻可用來說明這些法門之豐富。正如世界上各個不同國家，每個文化都有各自準備與烹飪食物的傳統，技藝善巧的廚師就會做出可口的菜餚，而缺乏經驗的廚師便可能做出糟糕的食物。運用這些不同層次的教導時，若雙方為具德的上師與具格的弟子，即使採取聲聞乘法道的法教而需長時間的修行，弟子也終會成就修持成果而解脫輪迴。然而，若上師並不具德，且弟子既非銳利根器、亦非精進行者，則即使是修持金剛乘的法門，還要花上比修持小乘法教更長的時間才能解脫。

無論是修持哪一種法道或乘別的教導，其速度和效率全然取決於個人。若能精勤不懈地修行小乘的聲聞法門，一定能成就解脫。反之，若對金剛乘的見地僅知理論道理卻無實際修持，同時行為上甚至連小乘的行儀準則都未達到，這就會帶來傷害甚鉅的結果。

金剛乘的各個法門都有相同要點，也就是要認出無為的

本智、樂空雙運的境地。縱然我們的有形肉體是由五大種所構成，這些組成仍可成熟而轉變爲清淨的虹光身。此生就可成就二身一體，也就是法身無生廣界之一味，究竟的光明自性。

大圓滿與大手印教導

大圓滿法是所有解脫竅訣的心要，其中包含外的心部、內的界部，與密的竅訣部等。此外，還有其他支分的法教，如阿底瑜伽、季諦瑜伽與仰諦瑜伽，後者都比前者更加深奧。但其中的要點都可簡單歸納於「立斷」（Trekchö，徹卻）與「頓超」（Tögal，妥噶）兩大法門內。

立斷，意思是切斷念頭的生起，藉此顯露赤裸覺知。立斷是覺空雙運的修持。當立斷的修持獲得穩固之後，再加入頓超的修持以增長了證。頓超是顯空雙運的修持，藉由頓超的關鍵要點，行者將會產生一些淨相的覺受。這些顯相最終將臻至圓滿境界，直至完全消失。

大圓滿有兩大傳法體系，分別是稱爲「噶瑪」的口耳傳承，以及稱爲「德瑪」的伏藏傳承。無論我們修持的是哪種體系，法教都是相同的。最爲關鍵的是，我們要從具德上師

領受完整的竅訣，於僻靜處奮勉修持。

　　立斷的見地本質上完全等同中觀的究竟見地，也就是徹底離於「四邊八戲」（四種邊見與八種戲論）。當我們離於任何心意的造作或執取，且一再地平等安住其中，內心負面的種種煩惱與念頭就會漸漸耗盡，同時，證悟功德也將開始顯現並增長。其要點就在於不隨著三時念頭載浮載沉，而是安住於鮮活的赤裸本覺當中。

　　大手印的法教提到，當我們不過於緊繃，也不分心渙散而能安住時，阻礙我們認出心性的三時念頭、迷妄體驗和煩惱情緒就會漸漸止息，如此我們將能了悟無分別智，同時讓證悟功德於焉增長。

　　蔣揚‧欽哲‧旺波與蔣貢‧工珠‧羅卓‧泰耶❷的座前弟子秋吉‧林巴（Chokgyur Lingpa）曾簡要提到：「於本覺中捨棄觀者，此即為離於形色之究竟空性。」當我們開始探索並檢視心的真正面貌，會發現無法指出任何帶有特定形色的堅實物質，也無法用任何方式指出或抓住自己的心。我們無

---

❷另譯為：蔣貢康楚仁波切（英文音譯）。

法說自己的心存在，也無法說心是存在和非存在的組合，抑或二者皆非，無法對心做出任何定論。秋吉・林巴接著又說：「不執『此為空』之念，當下即見心性。」若認為自己體驗到心的空性，這樣的想法仍然是細微的二元執著。當這個執著也被捨棄，放下了「這是空！」的念頭，在這瞬間就見到心性。此即是立斷的見地。

　　大手印法教中主要使用「平常心」這個詞彙。這是非常重要的名詞。為何我們無法安住究竟見地、安住心性呢？就是因為不能穩定安住於我們本具的「平常心」之中。我們若未曾修持，便無法保持不加造作的自性。是什麼遮蔽了這個平常心、我們的佛性？是我們渙散的念頭思緒。念頭，就是所有二元執著與煩惱的根本原因。簡言之，當離於一切戲論之際，即可當下了悟大手印「平常心」的見地。

　　雖然契入中觀、大手印與大圓滿三種見地的方法略為不同，然而最終結果則是一致的。大手印與大圓滿強調直指心性的竅訣、引介自心本性；中觀法教則是以義理分析來契入勝義諦，經由對主體、客體與心的一再檢視，於無法找到任何真實存在的事物時，藉此對真實存有的不存在獲得確信。

藉由安住於無有真實存有的自性中，就可能得到與另外兩種見地同等的了證。

然而，如此學者式的分析禪修，需要一定的信心與開闊的心性。在大手印與大圓滿的教導中，信心對於名為「單純行者的安住修」是不可或缺的。這即是佛陀為何在一部講述般若波羅蜜多的經文中如此說道：「舍利弗，勝義諦唯信可證。」〔只有〕透過強烈的信心與悲心，才能了悟勝義諦。

此生中陰的重點在於，無論是哪種傳承，都要以如法的方式從具德上師領受法教。此處「如法的方式」是指對於法教完全沒有懷疑、誤解和無知。自己對法教不應有含糊不清或不甚確定的瞭解。直到自己明白如何正確修持、了解修持目的之前，都要一再地請上師釐清疑惑。待完整領受竅訣之後，就能自己在僻靜處修持。如同先前提過的，環境有其作用。若生活在人們執念深重的地方，就會受到影響。要獨自生活，別讓他人影響我們。就算會感到孤單，但也不過就是如此。在這種環境下，我們就能一心一意地專注修持所獲的竅訣。

簡言之，那些藉著修持弘揚於藏地的八大實修傳承甚深法教，如大手印、大圓滿、道果、究竹等法門，而以一生圓

滿成就的修行者，都是以此人身獲得解脫，再也不必經歷任何中陰。他們即身成就，而這就是於此生中陰圓滿修持的真正標準。然而，無論是新譯派或舊譯派，這樣的修行者現在都已非常少見。總而言之，我們都確實擁有佛性，若能一心專注地依循教導修持，那麼如同過去許多修行者一樣，我們將能在此生獲得圓滿證悟，這一點是不用懷疑的。

我們究竟還擁有多少時間？其實是非常短暫的，甚至可說是所剩無幾。那麼，要怎麼做才能帶來長久的利益呢？唯有安住在無我的無分別智，我們才能停止一生又一生、一世復一世的輪迴，才能從迷妄中解脫，成就無上正等正覺。而成就此無上正等正覺之因，即是要培養契入空性的勝觀。

我們現在的時間極為珍貴，在身心尚未分離之前務必要把握機會。在這段寶貴的時間內，我們的命運掌握在自己手中。若能精進修持，我們的身心都將受益。越能保任契入空性的洞見，我們就越接近圓滿證悟。倘若讓這個機會白白溜走，到了死亡時的身心分離之際，我們將在隨後而來的各種中陰當中不斷飄泊，難以解脫。現在我們的身心仍為一體，若不在此時努力圓滿證悟，將會是莫大的錯誤。

4 痛苦之臨終中陰

目前已教導了哪些內容？首先，我們探討了此生中陰的真正意義、凡夫與修行者會體驗到此生中陰，也已講授我們在此生中陰可以做些什麼、必須領受哪些教導。最後則談到，自己領受法教後應如何實修。了解教導的要點與當中的含義，這就稱為「聞所成慧」（由學習培養智慧）；思惟教導並對相關法教更為了解，稱為「思所成慧」（以思惟培養智慧）；親身在生活中運用教導，且以個人經驗實踐，則稱為「修所成慧」（由禪修培養智慧）。

第二個主題是痛苦的臨終中陰。教導提到，之所以名為「痛苦的」臨終中陰，是因為死亡過程通常相當痛苦且折磨。儘管有些死亡過程非常迅速，我們可能以為不會有什麼感覺，但過程中仍有一些痛苦。即使是死於昏睡或暈厥中，在「生命力中止」時，心仍會感受到細微的痛苦。「生命力中止」是指命脈崩毀之時，此命脈是原本作為身體所依的持命風之所在

處。當這種循環流動被破壞時，就會感受到一定程度的痛苦。

　　以下同樣以三個綱要來解說第二種中陰：痛苦臨終中陰。首先討論其定義；其次，說明相關的體驗；最後是如何修持教導來面對臨終中陰。

死亡的因緣與徵兆

　　死亡的因緣不盡其數。雖說死緣是惡劣的，然而，有時即便如醫藥等原本正面的助緣，若無適當的調配也會導致死亡。根據傳統佛教醫學，風、痰、膽汁這三種成分失衡失調時就會造成疾病。此時，疾病或併發症侵襲身體，甚至造成致命的後果。如果受到貪、瞋、癡三種煩惱的有害影響，也會導致恐懼、身體不適，甚至死亡。無論是三種基本要素的失衡失調，或是心毒的有害影響，所有這些負面因素基本上都是源於我執，也就是緊抓著「我」這個概念的習性。

　　死亡主要有兩個原因，第一是壽命已然竭盡，另一個是暫時死緣所致。當我們的壽命到達盡頭，一切都無能為力，死亡無法避免。然而，若是一時的死緣威脅我們的生命，尚可採取各種補救措施，例如依循醫囑或進行特別法事。這些

方法有時能讓人暫時免於死亡。

若是自己病重之際，我們可能會想：「現在，我就要死了！」也許會把疾病導致的相關感受解讀成自己正接近死亡。其實教導中明確闡述了在瀕臨死亡時，外、內、密層面會出現的代表性徵象。大多數人不怎麼喜歡閱讀這些經典，因為其中仔細解釋了各種死亡徵象，例如會在六年後死亡、三年後死亡、六個月後死亡、甚至是下個月將要死亡之人會出現哪些徵象。我們無法真的預知久遠後的未來，但可以清楚知道六年內的事。

外、內、密明確的徵兆能指出死亡已迫在眉睫。首先，身體是由五大種所組成，當死亡過程正要開始，這些元素將出現嚴重的失衡現象，此時任何大量的藥物都幫不上忙。

有些死亡跡象在藏曆的某些日子會特別明顯。舉例來說，當我們輕壓眼皮時，通常可以看見些許光亮與色彩。如果在該月的初一，這個現象消失了，這就是死亡即將到來的徵兆。除此之外，在正常狀況下，我們耳中會有一種非常微細的鈴聲或鳴聲，若這樣的聲音消失了，也是另一種死亡將至的徵兆。還有很多類似的跡象，例如也可以用經血或精液

來檢驗死亡的預兆。以上是死亡的外在徵兆。

　　內在的徵兆則會於夢中顯現。夢境通常不可靠，也不太有參考價值，但與死亡相關的跡象則會特別明顯。有時，尤其是不吉利的夢，會在清晨時一再出現。舉例來說，每一晚都重複夢見自己披上黑色的長袍，向下方前進。也可能是夢見自己遇到虎、豹之類的野獸，騎著牠們向下坡走去。或者身處在漆黑一片的地方，而其中一切都變成黑色的。這些都是預告死亡的夢境。

　　除此之外，若是病重的人一再夢見日月於天空落下，這也是將要死亡的預兆。但如果在身體健康時做這樣的夢，就是自己根本上師即將死亡或將有障礙出現而威脅上師生命的徵象。

　　即將死亡的秘密徵象是自己的性情或個性開始轉變。原本溫和友善的人突然變得常常不耐且易於發怒，抑且此時他人好心的舉動或勸告也都幫不上忙。

　　當這些徵兆發生時，修行者明白自己距離死亡不遠了。此時若尚未在此生中陰獲得解脫，就應當一心專注修持，了解時日已至。祈請自己的根本上師與所有傳承祖師，讓自己

的心與他們的智慧心融合為一，對一切有情眾生生起悲心，之後則簡單安住自性之中。如此一來，將有很大的機會能在臨終中陰解脫。

把自己的心與上師的心融合為一，此修持的含義極為深奧。具德上師的心無有間斷地安住於無分別智中，那就是我們本具的大悲。以真摯的信心來祈請：「願一切諸佛證悟之心與上師之心，立即清淨遮蔽自性之煩惱蓋障！」若能自內心深處祈請，勢必可以獲得些許了證，而這是來自上師證悟之心的加持、弟子自身誠摯的虔敬，與本智之實相法性此三者之間的連結。

痛苦之臨終中陰是什麼呢？本章首先要定義其本質。「無論是何種疾病，從罹患致死的疾病且承受疾病的折磨開始，直到真實法性光明現前之際，這段時間是第一個中陰。①」此外，真實基光明到底該屬臨終中陰的結束，還是法性中陰的開始，這一點仍有爭議。《正念明鏡》作者根據大圓滿教導，認為光明發生在法性中陰的開始；不過在本書

①參見《正念明鏡》英譯版第二十七頁。

中，我們認為光明的發生是在臨終中陰結束之時。

死亡的緣境

　　如前述，已於此生獲得解脫的上乘修行者無須再經歷其他中陰。大圓滿法教中提到：「猶如瓶身破裂之際，內外虛空再無分別。身心因而融入法身空性。②」

　　在這個例子中，瓶身內外的虛空本質上毫無分別，差異只在寬廣的程度。因此，當修行者已了悟此離戲見地，縱然身體是由血肉組成，但其了證本質上與證悟已無差別，不過是尚未完全顯現三身與智慧而已。當瓶身破裂時，意指身體在死亡分解時，智慧與三身就此展現。上乘修行者的特徵，即是不必再經歷消融的過程。

　　「平庸的瑜伽士有三種死亡方式，如幼童、如遊方之乞者、如獅子。③」如幼童，是指沒有將死或未死的概念。如遊方之乞者，則是並不在乎死亡的緣境。

---

②參見《正念明鏡》英譯版第二十七頁。
③參見《正念明鏡》英譯版第二十八頁。

有些人在臨終時，因為無法忍受與親友分離而極度悲傷。育有稚子的父母特別會有這種感受。他們此去並非暫別，而是永遠離開孩子，所以感到心碎。這是永恆的分離。因此，最好是像密勒日巴一樣，如同他的發願：「臨終之際，願能獨自死去，無人泣涕，無親悲悼。願能死於寂靜，無人見此屍首。」斷除對一切外境的貪著，這就是死亡如獅。當獅子知道自己將死，牠會尋覓僻靜處而獨自死去。

　　前兩種狀況下，上乘的修行者與平庸的瑜伽士已認出心的本質並加以修持，且達到全然或部分程度的穩固，於過世時便不需他人協助。對他們來說，較佳的死亡方式是不受打擾，讓他們得以解脫自心。然而，修行不夠熟練的修行者仍需一些提醒，最好的狀況是臨終時自己的上師能在場，於一旁提醒：「現在你正要經歷這些與那些。不要執著！不要分心！」次佳的狀況，則是有依循共同法教且相處十分融洽的法友陪在身旁。若是由亡者所不喜歡的人在其臨終之際為他大聲讀誦法本，可能會令亡者感到煩躁和惱怒，無法利益反成障礙，還不如請素未謀面的人來大聲讀誦法本。根據寧瑪傳統，有許多適合在臨終者身旁大聲讀誦的教導，例如《中

陰大聞解脫》（中陰聞教得度）等。

　　最上乘的修行者在面臨死亡時，不會讓別人有機會為他們大聲讀誦法本，而是保持獨處以成就虹光身，毋須提醒他們任何事。若是次佳的修行者，是否有這些提醒差別不大，他們都將成就解脫。而不夠熟練的修行者在死亡時就需要教導的幫助，但他們不見得都需要非常詳盡的提醒，例如有些大圓滿行者，只要在他們身旁簡單地重複念誦「阿」（Ah）種子字就已足夠。

　　《正念明鏡》主要是為了幫助較劣等的修行人。上乘與平庸的修行者不需要這些教導。然而這並不表示我們得一直當個劣等的修行人，在學習這些法教後，我們當然可以繼續進步，不要讓任何事情造成阻礙。但務必要一步一階，從樓梯底部開始向上爬。

五大種的消融

　　「一般來說，所有眾生的色身通常會先由五大種形成。④」

---

④參見《正念明鏡》英譯版第二十八頁。

五大種的力量展現時，胚胎就在母親的子宮裡開始成形。從小小的一團開始，而慢慢出現了頭、手臂等。在出生後，我們仍依靠五大種來支持生命。而身體最後的消融，也是因爲五大種的力量開始減弱。舉例來說，若我們少了一根指頭，就會失去手指曾有的力量或感知。在五大種的力量完全消融後，身體死亡且開始分解。

我們的體內有五種主要的「風」（prana，另譯：氣、息）與不同的脈輪，風流動於脈輪之中。死亡時，這些風會一個接著一個開始分解，過程中同時也會有外、內、密的特定感受。

五種根本風之一是「平住風」，當平住風停止運行時，就變得無法消化食物，這時只能飲用液體，體內的暖熱也會開始消失。身體會從手腳開始變得越來越冷，最終只剩心間還有熱度。雖然手腳可能已經冰冷，但只要心間仍保持熱度就尚未死亡。如果心也變得冰冷，此時生命就結束了。

「持命風消失之際，心不清明且迷惑。⑤」當持命風逐

---

⑤參見《正念明鏡》英譯版第二十九頁。

漸消失，會開始產生不同的幻覺，感到緊張與恐慌，覺得非常不舒服。在一般情況下，若是過多的風進入心間的微細脈中，也可能有類似的感受。藏醫將此稱作「寧隆」（nying-lung），意思是「心風」。這會讓人們神經兮兮且感到恐懼。

當「下行風」開始消失，身體原本的自律功能，如控制大小便等，都會變得困難。再也無法控制何時排泄，這會令人非常難受。

「上行風消失」，這裡談到另一種根本風，「讓人無法吞下任何食物或液體。」此時會連液體都難以飲用，而且呼吸困難。人們即將死亡時，呼吸會變得淺而不規律。吐氣很長，但吸氣很難。此時會開始喘氣且呼吸短促。

當提供肌肉行動力量的「遍行風」消失時，身體雖然尚未死亡，但會變得如屍首一般，甚至無法抬起手臂、或一根指頭。此時身體已癱瘓。

「脈輪分解時，會從臍輪開始分解。之後，『能支風』（supporting wind）一步步逐漸消失，使身體的地大融入水大。⑥」能支風是身體的活力來源，當其消失時，五大種亦開

---

⑥參見《正念明鏡》英譯版第二十九頁。

始消融，同時出現外、內、密的徵象。外在的徵象是體力減弱，開始覺得沉重難以行動。脖子無法再支撐頭部，雙腿也無法再支撐身體，手拿不住盛著食物的盤子，皮膚則失去色彩與光澤。臉色蒼白且膚質難看、帶有腐臭又沒有顏色。牙齒布滿污垢，唾液與鼻涕皆無法控制而滴落。另一個徵象是鼻孔向內塌陷，面容空洞。以往帶著光彩的眼睛，此時變得缺乏生氣。

內在的徵象則與心的狀態有關。臨終之人變得鈍滯，且心裡覺得沉重又晦暗。他可能會以為是環境的關係，而請別人：「麻煩把被子拿開。幫我脫掉一些衣服。把我扶高一點。」他覺得自己好像沉入地底。

簡言之，將要死亡的人變得蒼白且非常焦慮。聲音改變、說話困難；眼神失焦，眼球內轉而翻出眼白。此時人們光是看著他們的臉都感到難受。

修行者則等待祕密的徵兆，例如類似煙霧、海市蜃樓、螢火蟲的畫面，而且會專注於這些景象，但一般人幾乎無法察覺這種種的景象。儘管祕密徵兆的光明相當朦朧，有如幻景一般，但修行者能夠認得這個光明。藉由專注於自己此生

當中所熟諳的修持，此刻就能有所進展。

下一個分解的脈輪是心輪，與此同時，「孕化精氣風」（radiance-producing wind）也會使得身體的水大融入火大。這時的外在徵象是口舌變乾，嘴巴黏合無法張開，嘴唇蒼白同時乾癟。通常當我們伸長舌頭時，可看見自己的舌尖，此刻已看不到。一般當我們舉手向前時，可看見部份的手腕，這時也看不到。這一刻已非常接近死亡。

「內在的徵兆是變得蒙昧，且見到許多不同景象。⑦」此時，心變得非常不清晰且迷茫。有時還能認得身邊的人們，有時則陷入昏迷，對發生的事情毫無知覺。有時覺得「我還活著。」但下個瞬間，一切又變得模糊朦朧。

許多幻覺都與自己原本的性情有關。心地邪惡的人會感受到恐怖的景象，因此覺得非常害怕；業行較善且心境較清淨的修行者，則可能會見到宜人的景象。他們也許會見到美麗的場景，又或見到根本上師親自在自己面前傳授四灌，藉此而得以成就了證。實際上，此刻就可辨別在此生中陰時，

---

⑦參見《正念明鏡》英譯版第三十頁。

亡者屬於哪一類修行人。

《正念明鏡》清楚描述了五大種的消融以及相關的體驗[8]。粗重與細微念頭的消融較爲複雜，需要更仔細的解釋。如要完全了解這些體驗，必須先熟悉「明」、「增」、「得」的含義，這通常是用來描述白顯相、紅顯相、黑顯相這三種體驗。修行者應當要知道這些體驗究竟是什麼。「明」，或稱爲白顯相，是由於受孕時來自父親的白明點下降，此時會有白色閃爍的如月光芒；外在的徵象是宛如月亮下降或升起，而內在的徵象是心識感覺有如海市蜃樓般，變得模糊不清。這就是白顯相的體驗，應當對此有所認識。

紅顯相的體驗是因爲受孕時來自母親的紅明點上升，就像是陽光灑在滿布灰塵的地方，因此顯得太陽極爲紅豔；外在的徵象是一個升起或落下的紅色太陽，內在的徵象則有如螢火蟲，閃爍的火光時隱時現。黑顯相的體驗猶如漆黑的夜空，此時，心識在清明與昏矇之間來回轉換[9]。

---

⑧參見《正念明鏡》英譯版第二十八至三十一頁。

⑨以下引述祖古烏金仁波切的竅訣：「諸大種的消融發生在真正死亡之前，消融階段有粗重、微細與極微細三種。每個人都會感受到粗重的消融階段，它發生在呼吸停止之前，也就是五大種消融之時。首先，地大開始分解，這時感受到自己極為沉重。人們這時會說：『請把我扶高一點，把我扶起來。我覺得我要沉下去了。』當水大開始消融時，會感覺非常寒冷。人們會說：『請幫我弄暖和點，這裡太冷了。』而火大開始消融時，會感到非常口渴想要喝水，嘴唇也會變得乾燥。當風大消融時，感覺自己飄盪在深淵邊緣，沒有著力點。當心識融入虛空時，所有一切都變得非常巨大，完全無法著地。此時外息已經停止，而內息尚存。

「微細的消融則是明、增、得這三種體驗。它們發生在外息停止之後，而內息、內在運行的氣尚未止息之前。對大部分的人來說，這段時間不會太長，大概就只是『一、二、三』的時間。紅顯相就像整個視線所及之處都被夕陽餘暉遍滿那樣。白顯相則猶如月光，黑顯相則是所有一切都陷入徹底的黑暗。當紅白點在心間交會時，則是樂空雙運。這時無論是陷入無意識的人，或熟識本覺的修行者，此即名為『近得基光明』（ground luminosity of full attainment，參見詞彙解釋）的第四時，也就是本初清淨。本覺並不是無意識的，但對於未能熟悉本覺的人來說，這就只是一片漆黑。而對本覺已有相當了證的瑜伽士來說，這就是證悟的大好機會。第四時，也就是基光明，等同於本初清淨，即是法身。在此刻對其獲得穩固，即為圓滿證悟。」

祖古烏金仁波切繼續提到：「教導中說，當兩個明點在心間交會時，此時的關鍵就是第四時，即本覺的體驗。紅白明點交會時的體驗，就等同於把心識從中陰裡拉出來，重新進入生命之中。其方式是以母親和父親的紅白明點交會，於子宮受孕而投生。此時即樂空雙運，心識昏厥而後受孕。因此，這一刻切莫陷入無所知覺，務必保持不受影響，此點極為重要。」

（本文摘自《再捻佛語妙花》，橡樹林出版社，2012 年。【譯註】上述關於水大消融和火大消融的段落描述顯然與一般所見不同，可能英譯者當時紀錄有誤，基本上水大消融應會口渴、火大消融應覺寒冷，請讀者知悉。）

明、增、得的三種體驗最初發生在心識成形的時候，也就是母親的卵子與父親的精子結合之時；死亡時，也會是心識離開身體前的最後三種體驗。此時，應當認出這些體驗的眞實自性。若我們未能認出它們的自性，未能認出它們是以貪、瞋、癡三毒爲顯現，就會失去意識而再次投生。

　　此外，五毒本身的清淨自性即是五智。就本質而言，白明點等同「大圓鏡智」，紅明點等同「平等性智」，隨著風而運行的心識，其本質即「妙觀察智」；以上可融合爲一體，也就是「成所作智」。由以上而創造的整個身體，則爲「法界體性智」。

　　若是未能理解到五毒即五智，心識就會以有形的形式，再次以不淨的投生而進入輪迴。反之，若能有所了解，就能以五智的顯現而投生淨剎，獲得解脫。金剛乘的主要目的，即是要了悟此一「淨觀」（事物的清淨面向）。

5　如何死亡

　　我們必須體認到一切因緣和合的事物皆是無常的，尤其要了解人生的稍縱即逝。由此，我們就會明白：為自己的死亡作準備，是多麼的重要。而死亡之際，死去的究竟是什麼？死亡的是我們身和語，而心永遠不死。繼續在輪迴中漂泊的，不是身體或聲音，而是我們的心。唯有對心性帶來助益的事，才能在死亡時幫上忙。睿智的作法是致力行持那些對臨終之際真正有意義的事，倘若只擔憂物質的舒適則愚蠢至極。務必想盡一切辦法為你生命的最後一刻作些準備。

　　最大的不幸，莫過於知道如何善用自己現在的條件，卻未如此實踐。我們都知道此生必然會走到盡頭，但誰都不曉得確切的時間，死期是毫無預警的。要是保證能擁有七十歲的壽命當然會方便許多，我們就可計畫先花幾年在世俗的事情上，想著：「之後我就會專心修持佛法，一切都很順

利。」可惜我們無法知道死亡何時到來，隨時隨地都可能面臨死期。

我們常以為只有滿臉皺紋、一頭灰髮的年老者比較接近死亡，而目光炯炯、神采煥發的年輕人不會太快死去。這並不盡然。有時反倒恰好相反，年老者更為長壽，年輕人卻驟然死去。

死亡之前的準備

當我們在面臨死亡的那一刻，真正重要的是什麼呢？就是自己實際的佛法修持，這包括清淨遮障與積聚二種資糧的修持，以及特別是對無我與空性的了悟，也就是我們對超越一切戲論之見地所下的功夫。除了這些，我們在此生獲取的一切，如金錢、名聲、世俗成就，或生命中其他被視為極有價值的事物，到了死時皆毫無意義。那時，最能支持我們的，就是自己對無我的了悟。

我們應該問問自己：「死時，有什麼能幫助我？」現在遇到困難時，我們會向親友請求協助；生病時，我們會諮詢醫師。然而，到了死時，我們能見到誰？能向誰尋求幫助？

應該要問問自己這些問題。若能誠實思考，就能清楚明白，屆時能幫得上忙的，唯有自己佛法修持的成果。我們應該要立刻為死亡時刻作好準備。

我們也許可花個幾年的時間，學習對自己有益的宗教或宗派思想，即使在佛教內也有不同宗派與不同乘別的法教。然而，若僅在腦中研讀、思惟、釐清這些法教，在死亡時不會有真正的幫助。只有在禪修中運用教導並獲得親身體驗，才能有所助益。面臨死亡時，文字和理論不會有太大價值。現在就要想清楚這一點，要明白唯有實際的理解和真正的禪修，才能在死亡之際幫助自己。

幼童不會作長遠計畫或預想太久以後的事。若當下的需求已得到照顧，孩子馬上就會感覺快樂又滿足。像這樣，對即將到來的一切視而不見是很幼稚的，但許多成人也都如此行事，只顧著滿足當下的需要，善變地追逐眼前的一切，卻沒想到要為死亡作準備。當死期驟然降臨，一切為時已晚。

就算從事所謂的佛法修持，我們也有許多欺騙自己的方法。我們可能把生命所有的時間都花在獲取對佛法架構的智識理解，記住道次第、菩薩諸地與禪修覺受的各種階段。我

們也許對四部密續的種種細節、密續法門的完整架構和所有儀式等十分博學。但到了死亡時，這些智識的理解並沒有多大用處。此外，若是心智敏銳又能言善道，我們可能變得十分擅於辯論、挑戰不同的見解，或反駁其他與教導相違的論述。但臨終時，如此的才能同樣也幫不上忙。現在，真正重要的是要修持而了悟無我。只是空談論無我的概念但不實修，不過是愚弄你自己罷了。

那些宗教人士也許非常擅於聚集信眾，建造寺院和象徵證悟身、語、意的代表物，照顧廣大徒眾並給予教導。但若本身並未對無分別智有真正的確信，並未掌握佛法修持的這個真正精要，死亡時刻他們仍會有懷疑、悔恨、貪取與執著。不要讓你自己落入這種下場。

接近死亡時，要捨棄所有對伴侶、孩子、父母、朋友、親戚，以及對所有物和財產的貪著。若要確保自己獲得解脫，就要徹底斷除對這些事物的耽著。這並不是說我們要切斷對他人和親友的關愛。因菩提心而流露的慈悲，不會被執著勒死，這樣的愛是真摯的。凡俗的愛則混合了貪、瞋、癡，是把我們繼續囚困且綑綁在輪迴當中的原因；反之，宏

高熱忱的愛則融合了智慧與悲心，即是解脫與證悟之因。給予他人這樣的愛，比起世俗的感情還更為珍貴百萬倍。凡俗的愛與感情相當善變，相反地，由菩提心與契入空性的了悟所生起的愛，是永恆不變的。

　　重點並不在於執著的對象。無論是執著一般物品，像是執著鞋子、執著身體與生命、執著國家或家園，抑或執著金銀財寶，甚至是執著自己的佛像或法本這類的信仰所依物，這些都仍屬執著。此處的關鍵是不要留下任何貪著的物品，以免自己在臨終時心生執著。比較好的做法是把一切擁有物都送走，例如送給窮人、朋友、親戚，或者送給自己的上師。務必確定沒有留下任何會讓自心生起執著的物品。當我們知道死期即將到來，就不要再保留任何物品，最好把一切都送出去。如此清除了造成自己臨終時無法安住禪定等持的最大障礙之一以後，接下來一切都會簡單得多。

死亡之際的教導

　　死亡到來時，我們應放下無論是善是惡的一切計畫。例如，就算我們無法成功領先對手，死時便不必再罣礙於此。

此外，也要放下想見某位親友最後一面的念頭，或者想見某個敵人以便留給他最後遺言的希望，這些意圖都應當完全捨棄。有許多類似的故事提到，人們想要親眼見到敵人蒙受打擊的模樣，對此念念不忘而還不想死，即使已經一腳踏入了棺材裡，他們仍然不肯讓自己放下忿怒、怨恨和嫉妒，還想把握最後的報復機會，非得等到聽說對方已死，他們才肯瞑目過世。千萬不要如此，別讓任何未竟之事綁住自己。

死亡之時，我們的心情與想法會變得極度劇烈，比平時強大許多。一般生活中，種種外在的感官知覺會讓我們對自己的瞋恨稍微分心。但一個瘋狂的人可能完全陷入某個特定的念頭或情緒裡，將其放大到甚為猛烈的程度。在死亡時，同樣的情形也可能發生，我們或許會出現強烈的怨恨或懊悔。正因如此，消除自己心中對任何事物的悔恨就顯得非常重要。舉例來說，若有人曾毀損三乘的任何誓戒，一定要在心中或面對真實的人而承認過失，並為此懺悔。去除心裡的一切悔恨，不留下任何讓自己揮之不去的事。也別罣礙自己先前無法完成的事。若能這樣，一切都會容易得多。

最好的狀況是，我們臨終時上師能在場，這樣我們就能

再次領受灌頂或竅訣，釐清任何不確定的部分，同時能對真實見地生起全然的信心。此外，由於上師了悟心的強大加持、自己真摯的信心與無偽的虔敬此三者的連結，要認出見地，即大手印或大圓滿的自性，也簡單得多。了悟此真實見地，就能確定解脫。若死時擁有此真實見地，將帶來廣大利益，實際上，這便是最完美的狀況。

倘若上師無法親自到場，次佳的情形就是能有和自己同具清淨三昧耶的親近法友在身旁，這需要是關係良好且自己信任的人。這樣的法友在自己臨終時可以提示修持的內容，若有疑問，也可以給予值得信賴的解答。一位具有深切領會的法友，本身就能帶來莫大的助益。要避開那些只想從你死亡獲得私利的人、對你心懷怨恨的人、只說俗言惑語的人，同時也要避開那些喜歡嚎哭涕泣的人，否則將會擾亂你在離世時的禪定。

修持已相當穩固的行者，則不需要這些教導。此處所說的，是給那些修持不甚穩固者的忠告。對於缺乏穩固且仍受外境影響的修行者來說，臨終時的陪伴者與當時的外境狀況，實乃至關重要。

以一些大修行者為例，有人是這麼想的：「明天我就要死了，為什麼不死得特別一點，與眾不同呢？」對他們來說，死亡就像是一場遊戲。他們會梳理打扮並以有趣的姿勢坐著，以便其他人發現遺體時將大吃一驚。也有其他證量極高的上師，在即將死亡時會說：「哈！哈！死時到了，我應該要怎麼死呢？那個某某人死的時候是用這種或那種姿勢？盤腿嗎？好，那我想這次我要躺著死。」而他就如此這般地圓寂了。

對那些於了悟已具信心的修行者來說，臨終與中陰都像是一場遊戲、一種娛樂。但對信心不足的我們而言，相同的過程可能相當駭人。

此外，消融次第（收攝階段）不一定會依序發生。關於人們將如何死亡、經歷哪些過程，我們無法確實一概而論。有時，五大種的消融次第會完全相反。某些階段或許比較劇烈，但也可能十分短暫。這些消融次第與個人體質、氣脈狀況，或死亡時所遭遇的情境，例如死因是疾病或魔怨等等，都有很大關係。

若能熟悉並記住各個消融次第與外、內、密的死亡徵象

會很好，如此就能於消融過程中清楚自己正在發生些什麼。屆時，我們可因此專注於真正有益的部分。儘管有許多不同的竅訣，最能帶來幫助的，就是簡單安住於平常心，我們的本智之中。

簡單安住於「平等心」

我們之所以不斷流轉於輪迴中的首要原因，就是無法認出「平常心」，也就是我們本俱、不造作的本智。也因為我們缺乏認出平常心的訓練，或者如此的認出尚未獲得穩固。因此在經歷不同階段的消融時，最有幫助的莫過於對平常心的了悟。倘若我們能簡單安住於平常心的自性中，一切將大為不同。死亡時，我們無法再依賴信用卡、金錢或朋友，只能靠自己。要再次強調，所謂依靠自己，就是仰賴我們安住平常心的能力。待消融結束後，安住平常心的狀態之中，如此一來，在名為「母子光明會」的時刻就有機會證得解脫。

臨終時最好要採取哪種身體姿勢呢？最好是以禪修姿勢坐直。次佳者，則是以睡獅臥姿側躺。雙手分別把大拇指按住無名指底部，以特定姿勢將左手放置在左大腿上，右手置

於下巴的下方。如此可帶來特定的效果，讓細微能量在體內流動。這個姿勢有助於認出死亡過程中的道光明，同時也有助於禪定。

教導常提到，此生中曾修持過道光明的修行者，死亡時就能認出基光明。這並不代表有兩種不同的光明而各屬一類。但除非修行者在修持時已能認出，且知道如何體驗道光明，否則當消融結束而基光明開始顯現時，仍然會毫無頭緒。那一刻到來時，有經驗的修行者僅是如此思惟：「噢！對！這就是了！」而隨即認出基光明，而後安住平等捨之中。這就是教導提到的「母子光明會」。

無論你的上師是誰、他會進行何種修持，當死亡到來時，最重要的就是完全信任上師，且對自己的修持有絕對的信心。大手印或大圓滿使用了不同的名相來描述相同的體驗，「本智」可能也稱作「平常心」，或者「立斷的見地」，其實這些都一樣，都代表認出了道光明。若我們在死亡時能夠認出道光明，那麼不管五大種在消融時顯現些什麼，我們都會解脫而證得法身。

無論我們用何種佛法名相來描述這個過程，一點都不重

要，關鍵乃在於我們對大手印或大圓滿的實際了解，以及自己對此雖空而明的「明空不二」狀態能否全然放鬆而安住其中——簡單地如是安住，完全地鬆坦，安適自在。無論消融次第中發生些什麼都無關緊要，那些體驗都會過去。此即為關鍵，無須其他的技巧或更多的竅訣。

若我們能簡單安住於明空不二的道光明中，且在基光明顯現時完全放鬆，自然就可獲得解脫，這是無庸置疑的。我們不用再嘗試什麼特定的技巧或招數，解脫將自然發生。

「以信心抉擇種種次第顯相……不過是法身光明之自明顯現。①」先前曾著重於明空雙運的說明，在此，對頓超的修行者而言，我們必須抉擇一切顯相，也就是那些消融次第的所有不同體驗，皆為自心之展現。故而，主要的修持便是簡單安住於此見地中。

曾修過那洛六法、大手印樂空雙運、薩迦派道果，或時輪傳承究竹的修行者，根據自己氣、脈、明點的修持經驗，就能在消融次第時認出這些細微的層面。

---

①參見《正念明鏡》英譯版第三十六頁。

至於修持立斷、頓超與那洛六法的最大差異爲何呢？在立斷與精藏大手印（essence Mahamudra）的教導中，重點是要安住並保任見地，這就足以成就解脫。以立斷的見地來修持頓超時，修行者了知所有不同的體驗其實都是本智的展現或顯現，而能取一切顯相作爲嚴飾，並依此認識而證得解脫。那洛六法教導的關鍵在於了知我們身、語、意的自性就是金剛身、語、意，故其可成爲各種瑜伽修持的助緣，我們也因而認識到自己身、語、意的清淨自性，並藉此得以了悟大手印之見地。

　　於臨終的過程裡，尤其是在生命力中斷的時刻，可能會經歷身體上的痛苦。熟諳修持之行者面對如此強烈的痛苦時，僅只是觀看痛苦感受的本質，如此一來，痛苦就不再是難以忍受的問題。但對於修持尚未穩固的人來說，最重要的是不要分心散亂，不要太過專注於痛苦的感受或身體的不適。要簡單寬坦安住見地之中，隨後就會體驗到「近得的基光明」（參見詞彙解釋）。

　　若是無法做到以上的教導，則應觀想自己的根本上師，並以發自內心深處的懇切虔敬，祈願能認出光明自性。行者

於此刻結合虔敬的力量與證悟上師的加持，就可能認出道光明，而在基光明開始出現時得到解脫。這裡的關鍵是要懷著一心一意的虔敬，將自己的心與上師的心融合為一，生起強大的信心以了悟道光明。倘若此時仍未能生起此等信心，最後的機會則是頗瓦法。

頗瓦法

頗瓦，其字義是指改變處所，從一個地方移至他處。以下就修持頗瓦法的行者種類、修持頗瓦法的時機、如何修持這三個要點來說明頗瓦法。於大手印、大圓滿或中觀的修持達到高度穩固且獲得一些了證的行者，有信心在吐出最後一口氣的同時簡單安住法界之中而得到解脫，毋須再經歷後續的中陰。這樣的行者不需修持頗瓦法，因為他們不認為有一個實體需要遷移，也不再希求遷移之處。此等修行者已完全超越了分別心。

若是根器較差且對自性見地缺乏信心的修行者，還有許多關於如何在臨終時修持頗瓦法的教導。印度的龍樹菩薩和西藏的馬爾巴大師為了展示此法，在圓寂時都親身修持

頗瓦法做為示現。《正念明鏡》中描述了馬爾巴的圓寂。首先，「他將明妃達梅瑪化光融入自己的心間。他挺直身體說道：『吾子，若你們要修持頗瓦，就要這樣做！』接著從他頭頂裂縫中，出現一個大小如雞蛋的五色光球，飛入天空之中。②」這就是馬爾巴圓寂的過程。儘管表面上看來他死時仍留有身體，但他其實已成就所謂的金剛持雙運果位。

大圓滿的偉大上師，梅隆多傑（Melong Dorje）也以特殊的方式圓寂。他召集所有弟子圍繞著他，唱了幾首歌後，於薈供時給予最後的教導，接著說：「我現在就要死去。」，然後他「從頭頂往空中放射出鍋子般大小的一道白光。白光越來越大，最後形成了彩虹的光芒與圓圈，遍滿整片天空。③」縱然在顯相上，馬爾巴與梅隆多傑是以頗瓦法的修持示寂，但實際上他們所顯現的與虹光身成就並無分別。過去曾有許多這樣的大師。

我們的修持能否有成，主要端賴信心與虔敬，以及三昧

---

② 參見《正念明鏡》英譯版第三十八頁。
③ 參見《正念明鏡》英譯版第三十八頁。

耶的清淨持守。若有強大的虔敬，修頗瓦法必然得以成功。而毀損的三昧耶勢必成為順利修持頗瓦法的障礙。

我們於此生之中，現在就應當要修頗瓦法，直到獲得修持有成的徵象。有一種特別的徵象，尤其能確保我們在死時能成功進行頗瓦法。然而，若是對頗瓦法不甚熟練的修行者，臨終時也能在上師的協助下進行修持。像這樣集眾力而為，就很容易能成就頗瓦。

頗瓦法是指同時讓心識與風上升，並將此心識與風的結合送往善好且值得前往的去處。頗瓦法的修持，便是從此處離去而到達目的地。

死亡時，心識從身體的哪個竅孔離開，會與下一世的投生處有關。例如，若心識是由下半身的竅孔離開，就會投生至地獄、餓鬼或畜生這類下三道。若心識由上半身的竅孔，如耳、眼、鼻等離開身體，將會投生至人、阿修羅與天道，但仍屬輪迴之中。因此在頗瓦法的修持中，首先必須以特定的方法關閉所有的竅孔，而只讓頭頂的竅孔打開。若心識由頭頂的竅孔離開身體，就能超越輪迴，投生在具足圓滿修持條件的淨土。

若是爲他人修頗瓦法，務必要確認此人已經死亡，否則將造下大罪。修爲較高且了解死亡徵象的修行者會檢視脈的情況、風的流動以及身體的暖熱，來確認此人是否已眞正死亡，之後才施行頗瓦法。絕對不可在眞正過世前進行頗瓦法。

　　此外，若是爲自己修頗瓦法，務必要確認自己眞的正面對臨終，生命實際是走到盡頭。否則，若是心識過早從身體射出，就無可挽回了。因此，要絕對肯定死亡的時機就要到來，且已無力回天。判別死亡時刻的眞實方法，是以白顯相與紅顯相的發生與否爲標準，當此兩者出現之後，就能穩當無虞地進行頗瓦法了。

　　頗瓦法有許多不同的方法與層次。法身頗瓦超越了參照點，其修持是簡單安住於自性見地中。換句話說，已經不再有「要被遷移之我」與「我欲遷移之處」的概念。熟練的大圓滿修行者簡單安住於立斷見地中而成就法身頗瓦。對修持大圓滿或大手印有眞實信心的修行者，「頗瓦」這個代表「遷移」的詞，確實已不再適用。

　　第二種報身頗瓦，是針對熟諳自觀本尊之生起次第的修

行者。已圓滿此種修持的修行者，在死亡時可以化現爲本尊身相，藉此證得報身頗瓦。在那洛六法的名相中，這等同於對修持「幻身」具有特定程度的穩固。此類修行者於死亡時，即可藉此修持而證得報身。

第三種化身頗瓦是指實際持有自己乃前往淨刹、無謬淨土之旅人的概念。化身頗瓦的關鍵是對上師具有全然的虔敬，且對一切有情懷有悲心。接著專注觀想種子字沿著中脈向上射出。根據自己的修持，種子字有分別對應的特定聲音，例如「嘻」（HIK）或「呸」（PHAT）。我們不需有高度證量或持崇高見地才能成功修持此法。我們所需要的就只是虔敬、悲心，以及觀想種子字的能力。

還有另一種在幾個世紀前就已失傳的頗瓦傳承，也就是依字義而稱爲「遷移心識」的奪舍法，此與「射出心識」的頗瓦法不同。馬爾巴譯師在印度領受此法並授予其子，但由於他的兒子不幸早逝，以致此法未能流傳於世。

第四種頗瓦法與上師相應法十分相似。在這種頗瓦法中，我們並非觀想如阿彌陀佛、金剛薩埵或蓮花生大士等本尊或佛陀，而是觀想頭頂上安坐著自己的根本上師。除此之

外，其他細節都相同。

第五種空行頗瓦，是指於睡夢瑜伽修持已達穩固的修行者，在夢境中唸咒召喚亡靈的一種修法。

只從書上學習頗瓦法是不夠的，我們必須領受上師的竅訣並實修。頗瓦法的第一個修持徵象，是頭頂上有強烈的發癢感；之後，頭頂會出現能真正插入一根稻草的細微小洞。我們應在充分的指導下持續進行修持，直到顯現修持成果的徵象。

在領受頗瓦法教導、修持並成就修持徵象後，我們多少可說是能自立了。更甚者，若我們熟諳此修持，就能幫助別人在死亡時修持頗瓦。此外，我們也應時時做好準備，以期在死亡到來時能將自己的心識射出。

當進行頗瓦法真正的時機來臨時，我們務必要一心一意地專注修持，不要因為想照顧親友或是給敵人最後一擊等念頭而分心，保持專注且毫無懷疑。進行頗瓦法到了最後之時，要如技藝高超的神箭手把箭自手中的弓射出那樣地射出心識，使其飛躍而起，絕不回頭而迅速達標。

人們常提到頗瓦這個字，但頗瓦的本質是讓我們的覺

知、也就是與空性無別的智慧,不陷入更深的迷惑之中。透過觀想種子字、讓心識與風結合並射出等方法,使分別念融入法界明點。心識與法界自性全然合而為一。

總而言之,千萬不要把自己的所有生命用來追逐世間八法,切莫讓佛法的修持僅流於文字與理論。當死亡到來,倘若尚未對了悟獲得信心,至少也要能修頗瓦法。如此,才不枉費此生。

6 光明之法性中陰

在此同樣以三個要點說明第三個中陰,包括光明法性中陰的定義、體驗,以及我們應如何面對這個歷程。要描述光明法性中陰時,需要提到一些較爲複雜,且尤其與大手印、大圓滿相關的密續專有名相。其中最重要的兩個名詞是「解脫基」與「迷亂基」。要讓他人對這兩個字詞有所了解,本身就是極爲關鍵、精要且深奧的教導。爲了要理解這當中的真正意涵,我們必須了解光明法性中陰會發生些什麼。

光明法性中陰出現的時刻,是於外在大種、感官根識,以及內部粗重與微細念頭全部消融之後,接續在痛苦臨終中陰結束時的白、紅、黑顯相三種體驗之後。於此再度說明:白明點從頂部降下,紅明點從臍部升起,當二明點在心間交會時,心識與運行氣融合在一起,一般人將因此昏迷,毫無

知覺①。

　　無論是否曾做修持、無論是人抑或昆蟲，在這兩種明點交會之際，法身基光明就會逐漸顯露。能夠認出其本質者便可獲得解脫，受制於我執而無法認出法身基光明者，則將陷入無意識的狀態。根據共同的教法，這樣的無意識狀態會持續三天半的時間②。

　　白、紅、黑顯相的三種體驗將同時伴隨貪、瞋、癡三毒的止息。白顯相發生時，四十種瞋心同時完全止息。紅顯相發生時，三十三種貪心同時止息。黑顯相則代表七種愚痴心

---

①祖古烏金仁波切提到：「一般人只是陷入無意識之中。另一方面，我們也無法確定外息吐完之後，是否會保持短時間的禪修。若是曾修習寂止或禪那的修行者，死後禪定時間的長短可以根據其保持專一安住的能力而定。而從未禪修的人，當然不會出現三摩地的狀態。罪大惡極的人則會有『直墮地獄』的體驗，也就是不經歷任何中陰而直接墮入地獄道。」

②祖古烏金仁波切接著提到：「此處是指『本淨』（本初清淨）與『任成』（任運現起）兩種面向。首先，本初清淨會顯現在臨終中陰結束時。曾於法道修持的行者會認出本初清淨，獲得解脫且成就法身。凡夫則會昏迷約莫三天的時間。醒來後，亡者將經歷法性中陰，感受種種以光亮、音聲、光束和本尊形相顯露的任運現起。

「基光明或本初清淨的顯露都發生在臨終中陰結束時。修行者只有在此時才能以法身成就證悟；同樣地，修行者可在法性中陰時，以報身成就證悟；而在投生中陰時，成就化身。」

同時止息。當所有念頭止息後，僅剩下無造作的心性，這就稱為法身。在大圓滿的名相中，稱為「本覺」，也就是赤裸覺性的本身。在大手印教法中稱為「平常心」。無論是誰，都會經歷到這個體驗，唯一的差別只在於此狀態的時間長短。

曾經從具德上師領受直指心性教導且能夠認出心性的修行者，此時務必要保任這個心性狀態的相續並證得解脫。其他無法認出這個根本心性的人，就會重新又被不同形態的無明蓋障所遮蔽，並再次因過去的業力牽引而進入新的投生。

在三種細微的消融次第出現時，務必保持警覺，因為隨後即是基光明的顯露。共乘稱之為「根本勝義諦」，即「般若波羅蜜多」（出世慧）。佛教所要證悟的即為此究竟的「如是」。不同的教導體系會以不同的名相來表述基光明。中觀派稱其為「無造作勝義諦」，大手印稱之「識得內在無分別」，大圓滿則稱之「照見覺性本貌」❶。

---

❶ 後兩個名相依藏文意思作初步意譯。書中許多大圓滿、大手印的名相未有統一用詞，因譯者學修淺薄故僅供參考，請讀者根據各自所依上師的講解為準。

基光明的顯露與體驗

法性中陰開始前，會先出現不同顯相，包括海市蜃樓、五色光輝，以及宛如日光、月光、油燈光與黑暗的體驗。當這些顯相止息後，超越所有這些戲現的基光明便開始顯露，有如明澈無雲的天空。基光明，即所謂「法身」，乃普賢王如來的密意，是超越智識的智慧，也就是純然的本智。在此生中曾領受心性直指竅訣且已認出道光明的修行者，就能立即認出基光明且證得解脫。這個時刻即是「母子光明會」③，乃由於修行者過去的修持而使得解脫變得非常容易。這完全說明了，於此生一再地安住於平常心的自性是多麼重要。若現在對基光明加以熟習，就能在死亡時證得法身解脫。修持的要點僅在於認出道光明，即大手印之自性。除此

---

③祖古烏金仁波切表示：「基光明即是佛性。道光明則是上師為你指出的本來面目，是我們能夠認出本覺的狀態。果光明是指對本覺獲得穩固，我們在死亡時，可以於明、增、得的體驗後獲得本覺的穩固。有經驗的修行者可融合母光明與子光明，意思是以基光明為母、道光明為子，二者相遇時，有如子投母懷，我們就能取得本覺堡壘。這就稱為果光明。」（請參見祖古烏金仁波切所作序言。）

之外，已沒有其他能在死時真正幫助我們的了。有許多未實修如何認出道光明的大學者，臨終之時仍無法解脫。

基光明的體性為空，而自性為光明，亦即此處所指的明。空與明，這兩種功德無二無別。我們常在學習時聽到許多關於空性的教導，說到這個空性又那個空性等。然而，實際上，在光明法性中陰開始前的剎那，真正的空性就會直接且裸然顯現。這個片刻對所有眾生來說，是解脫基，也可能是迷亂基，分別引領眾生達至證悟或再次輪迴。

有許多原因都可說明現下修持佛法的利益。而當中最主要的原因，即是修持佛法能幫助我們在母子光明會時證得解脫。

為何此時會體驗到基光明呢？因為一切有情本來就擁有如來藏，也就是佛性。好比芝麻油本來就遍滿於芝麻籽中，如來藏已然存在且遍滿於任何擁有心識的眾生中。既然母光明是我們的自性，且已存在於自身中，我們為何無法認出來呢？之所以無法認出，是因為我們的自性受到俱生無明和遍計無明的障蔽。由於這兩種無明遮障，我們無法認出本智，自己的本俱智慧。我們被妄念所困，錯將無常視為恆常，執

著錯謬以爲眞實。這些妄念讓我們永遠飄泊在輪迴六道之中。

然而，消融次第結束時的白、紅、黑顯相，正如掀起妄念面紗的瞬間，遮障暫離但未盡除。此刻，本智澄澈展現。大手印之自性狀態毫無遮掩，赤裸現前。

一般人經歷這個體驗時，無法認出這是什麼。舊有習氣反而再度出現，把他們帶回分別妄念的模式中，因此又回到受制因緣的輪迴裡。至於曾領受心性直指竅訣且實修的修行者，因其修持力便能於死亡時認出自己的本來面貌，認得基光明的本初狀態並獲得解脫。《正念明鏡》描述此認出的過程：「宛如老友相逢，亦如江河入海。④」在此瞬間，唯一僅存的即是法界，那是超越一切戲論、自性光明的本智虛空。

寧瑪派的教導，將基光明稱爲普賢王如來佛父佛母，代表空明不二，智慧與方便的結合。由於其體性爲本初清淨，當中並無任何實有。然而，又由於五智和其他種種功德的任

---

④ 參見《正念明鏡》英譯版第四十七頁。

運自成，所以也非不存在。其任運自成的自性為：「虛空極淨自性——以無別大樂、本淨體性安住於平等不變之第四時中。⑤」

縱然人人都會經歷到這個本初狀態，但在我們生命尚存時，若僅有幾次瞥見的體驗並不足夠。務必對此加以熟練，透過修持而獲得串習。

我們因為習氣與無明，尚無法完全認出基光明。然而，在明、增、得的消融次第，猶如掀起簾子的瞬間，我們的一切煩惱都獲得清除。色、聲、香、味、觸等種種感官感受與所有二元執取都會消失，母光明（基光明）隨即展現。因此，子光明（道光明）就能與母親融為一體。

由於不再執著感官對境，本智就能裸然展現。對一切事物皆無執取的這個狀態，即為離於生、住、滅的智慧，它同時也能覺知一切事物。這不是完全失去知覺，而是超越文字的本智，再也沒有主客體的分別，這或那的概念。在凡俗的經驗中，我們的心總是執著於藉五根所感受到的對

⑤參見《正念明鏡》英譯版第四十七頁。

境特性。然而，此時這些二元體驗已不復存在，我們直接體驗到本智。認出我們的自性之時就能獲得證悟，這稱為「自生自解」（自生起、自解脫）。我們了悟到本初清淨的廣界即為萬法生起之源。

倘若未能認出基光明，我們便會再次因二元執取而造業。但若已領受認出基光明的心性指引，且已熟習法道子光明的修持，就能得到解脫，融入任運自成的廣境之中。一切期待與憂懼、所有取受與拒斥，種種的二元執取都被徹底摧毀。只要認出基光明，我們便可以解脫，不需再經歷任何中陰。

於此應當說明，前述法身光明與報身光明之間的差異。若我們在臨終中陰結束時無法認出法身，亦即基光明，那麼我們下一個成就解脫的機會，即是報身光明出現之時。

中陰的顯相

進入法性中陰時，我們的本自佛性會於身、語、意的層面呈現許多並不常見的顯相，包括文武百尊、奇異聲響，以及許多心意顯相。若我們的修持穩固且能認出空性，抑且

具備一些「寂止」（奢摩他）之力或生起次第修持的穩固程度，可將自身觀爲本尊，那麼屆時這些顯相與法性的展現都會是證得解脫的契機。

現在可能有人會生起這些疑問：「如果是從未見過、觀想過文武百尊畫像的人呢？在中陰時，他們也會感受到文武百尊嗎？」我們很難確定未曾修行的人在此時會有哪些體驗。但他們一定會感受到各種色彩繽紛的強烈顯相。這些景象也許巨大如神話裡高聳的須彌山，又或細小如芝麻籽。它們極其光耀，色彩也鮮明到令人震撼。〔有時是〕震耳欲聾的巨大聲音，有如成千上百個轟隆雷鳴同時作響；又或是明亮無比的光芒，甚至亮到覺得自己就要被它刺穿。對於已有修持的行者來說，此時就是成功的大好機會。但對毫無佛法修持經驗的人，也許會在極度驚駭中昏厥。

此時會有許多寂靜與忿怒的顯相。可能會感受到滿是本尊的清淨刹土，不只是小小的界域，而是整個虛空都遍佈各式各樣的這類顯相。爲何會出現文武百尊、音聲、色彩、光芒的種種顯相呢？這正是因爲一切有情都擁有佛性。以此緣故，我們現在感知的五蘊、五大種、我們的心識和感官對境

等，其「清淨分」（清淨層面）即為佛性之展現，也就是我們本智的展現。這些皆是眾本尊的清淨壇城。在消融次第的結束之際，本智就會以清淨相來顯現。

　　一切有情皆是佛，但這個事實被我們暫時的蓋障所屏蔽。一旦去除遮障，我們就是真正的佛。死亡時，我們的二元執取出現空隙，此刻就能毫無遮掩地體驗到本自佛性的各種顯現。根據我們修持的穩固與否，此段期間可長至數天或只是電光一瞬。若是未熟習佛法修持的人，這個感受非常短暫。迷惑和我執的習氣、對二元概念的緊抓等，很快又會蒙蔽覺知，掩蓋佛性的各種顯現，如此就開始了投生中陰。

　　法性的自性展現、五蘊與五大種的清淨分，即是五方佛父佛母和男女菩薩等，統稱為文武百尊。教導中提到，通常有一百尊的寂靜與忿怒本尊出現，但這其實與個人習氣和其所嫻熟的修持類別有關，絕大多數是因人而異的。簡言之，會出現哪些顯相，是與自己熟習的淨化法門和欲淨化的對境（即自己的本尊修持及此修持要清淨的對象）相應。

　　我們的佛性乃體性空、自性明，作用周遍無礙。對凡夫而言，佛性被隱藏在暫時的遮障之下，當我們的自我執著崩

解時，本智，即法界光明，將鮮活地裸然展現。如此的基光明不僅為空，更是明且覺。明與覺的這個層面會以無數的方式展現，法性中陰階段的一切顯現皆源自於此。依照個人的業力習氣，這些顯相也許十分駭人；有人可能會感受到威嚇，以為「他們要來帶我走！」或是「他們想要攻擊我！」這一切感受相當真實。

　　簡單來說，死者會感受到許多淨與不淨、栩栩如生的明燦景象，就好比是一匹巨大的綢緞突然展開於空中。此時我們會獲得許多生前從未有過的特殊功德，如千里眼、宿命通，以及其他神變能力，像是五神通、六隨念、不忘總持力、無間等持（相續三摩地）的種種神通。然而，最重要的還是我們此生是否已具熟習的修持。若我們能記起自己的修持，就有可能解脫；反之，隨後將開始進入彷彿於夢中閃現而過的投生中陰。

7　竅訣指引

　　直至目前已經說明了此生中陰、臨終中陰與法性中陰這前三種的中陰。現在將進一步講解這三者的第三個綱要，也就是如何運用竅訣。對修行者來說，臨終中陰結束時出現的法身基光明，與法性中陰時出現的報身光明，都是從輪迴解脫的千載難逢機會。這一點至關緊要，應當詳細闡述。

　　臨終中陰與法性中陰階段會發生許多事，但對大部分人來說，這些中陰時間都不長，不會超過幾個瞬間。這些瞬間稱爲「成事刹那」，時間長短則因個人是否修持而異。對於多數的非修行者來說，這些時刻轉瞬即過，不過幾個彈指的時間。然而對修行者來說，這些時刻的時間長短，與身體微細氣脈的結構狀態及個人修持所達的穩固程度有關。修持穩固的修行者，臨終中陰結束時顯露的本初清淨可長達一餐的時間。在此，計量時間的單位稱爲「禪定日」。每一日的定

義是指能保任自性、持續認出本智且安住心性的時間長短。有信心解脫的行者，可以隨心所欲地延長這段時間。

何謂對解脫具有信心？首先，若僅是能認出心的自性並不足夠，我們還必須對這個認知有毫無懷疑的決心。然而，即便如此還是不足，我們要對解脫一切念頭有絕對信心，如同有信心的泳者能游至河的對岸那般。擁有如此信心的修行者，在死亡時就能以隨其所願的時間，安住於基光明。我們可以看到許多人們於死後數日之內身體都仍未分解的例子，而且那段期間內，其心間仍能保有些微的餘溫。這分為兩種情況，一種是已認出道光明的見地、無為之自性，而簡單安住對自性的了證中。另一種身體仍未分解的情況，則是行者已證得某一禪定的穩固，稱為「出世間奢摩他」。

奢摩他可分為「世間」與「出世間」兩種。若修行者於出世間奢摩他證得一定程度的穩固，死後身體可以保持長達數年而不會分解。在緬甸與泰國，有許多修行者死後身體持續保持禪定狀態而未分解，西藏也有同樣的例子。奢摩他，意為寂靜安住。若修成了奢摩他，就克服了煩惱與念頭。猶如不被風擾動的水，不必依賴任何助緣，簡單安住禪定之

中，完全不受干擾。因此可保持相當長的時間。這其實是非常好的狀態，此徵象代表有一定掌握自心的能力。如此，與風（氣）無別的心便可安住在身體中，身體則可保持不分解的狀態，而時間長短隨心所欲。當這段時間結束，心識會從頭頂離開身體，而不會由其他眼、耳等較劣的竅孔離開身體。

安住於死後禪定的行者

　　以下要談的是在此生中陰已獲道光明修持穩固的行者會如何經歷死亡。目前，我們的心在身體內，猶如虛空在瓶子裡，而內在的虛空與外在的虛空仍有分別。當瓶身破碎之際，內外虛空融合為一，不再分別。同樣的道理，在死時的身體分解之際，熟練之行者其心識融入本初清淨的自性，也就是基光明之中。此時，會出現讓他人可察覺行者已獲解脫之徵象，亦即稱為「菩提心精華」的紅色與白色液體會從左側鼻孔或從頭頂流出。這是什麼原因呢？在身體裡，有一些名為「風」（氣）的能量流動。其中，智慧風位於身體左側，業風則位於右側。因此，當人過世時，從左側鼻孔流出

菩提心精華是非常好的徵象。

　　當行者安住死後禪定時，心識可能仍停留在身體內。安住死後禪定的明顯特徵是肌肉仍有彈性與光澤，甚至難以確認行者是否已經死亡。其眼神帶著慈悲、心間仍有溫暖，身體看來十分有精神與活力。相反地，若心識是因為強烈的執著或忿恨而停留在身體中，心間可能也仍有暖熱，但身體會跟其他屍體一樣的僵硬，面部扭曲且神情不悅。教導為了要釐清所有疑問，因此說明了各種狀況。否則我們會推斷只要死後心間留有餘溫，此人就是安住在死後禪定。但其實並不盡然。

　　很多人常以為生與死的界線是仍否還有呼吸。但事實上，若我們檢視先前敘述的兩種狀況，就會知道即使外呼吸（外息）已經停止，心識仍在體內。唯一能確認心已實際離開身體的徵象，便是紅白精華是否已從身體竅孔流出，無論是從下身竅孔，又或從鼻孔、頭頂等上身竅孔流出皆然①。

---

①祖古烏金仁波切表示：「當紅白明點在心輪交會時，精華滲出。此時會伴隨有強烈的恐懼感，且強烈到眼淚無法自主而從眼睛流溢而出，此人則陷入無意識。一般人無法認出此時所顯露的近得基光明，當精華流出之際，他們也

根據佛教傳統，在這個徵象尚未出現前，不可火化或埋葬遺體。若是修持相當穩固的修行者，如何處置其身體皆無關緊要，立刻切碎或馬上焚燒都沒有差別。但若是初學者或修持尚未穩固的人，只要心識仍在體內，就要將其身體置於全然寂靜之處，這通常需要三天半的時間。期間不可喊叫或言談，甚至也不可燃香。

　　儘管我已多次提過這個故事，在此還是想再說一次。西元一九八六年，尼泊爾的修行者喇嘛洛桑滇巴（Lama Lobsang Tenpa）圓寂了。他雖然來自尼泊爾，但年輕時就到西藏領受許多教法。雖然尚未全然了悟，但他是很好的修行者，肯定不是初學者。後來他生病，也知道自己就快死了。雖然他本人已接受這個事實，但一些在加德滿都經商的功德主說：「我們要用盡一切方法救他！」他們讓喇嘛

同時昏厥。這就是內息瞬間徹底停止的時刻。

「若心識沒有昏厥，仍安住在近得基光明中，就代表此人已經認出本覺。這類情況的徵象是當此三摩地結束時，將由兩個鼻孔流出菩提心精華。我們並非是說一般人不會流出菩提心精華，這些滴液僅代表來自父親與母親的白、紅明點。但一般人的狀況是，菩提心精華會立即出現；至於安住死後禪定的修行者，紅白菩提心精華的出現則代表死後禪定的結束。」

飛到德里住院治療，醫生試著為他做心臟手術，但因為出現嚴重的心臟功能異常，最後回天乏術，喇嘛死在手術檯上。功德主和弟子們都在外頭等待著。當他死後，身體開始自己以禪定姿勢坐起來，醫生們把他的身體躺平，但身體又再次坐直起來。這些醫生從沒見過這樣的事，他們拿繩子將身體綑住，但身體仍然試著要坐起來。醫生們被這情況嚇壞了，只好把他的身體帶去火化場立即燒毀。最後，弟子們敲門問：「我們的老師現在怎麼樣了？」醫生一邊回答：「發生了很糟糕的事！我們得馬上把他燒掉，骨灰在這裡！」一邊把瓶子交給弟子們。他們這些愚癡的舉動，可能對洛桑滇巴的了證產生些許障礙。就像這個奇特例子所描述的，心是非常不可思議的。

法性中陰裡的光明

回到正題：「我們要如何在臨終中陰認出基光明，認出我們的佛性？要用什麼來認出呢？」答案只有一個：倚賴我們現在的修持。若現在不做修持，臨終中陰時就很難認出基光明。

臨終中陰會體驗到明、增、得的消融次第。待消融結束時，若無法認出法身光明，可能就會昏厥。突然再次醒來時，迎來的是法性中陰的報身光明，此狀態極為清澈、明燦、開闊且為空。熟練的修行者此時將感到自由與大樂。然若是生前未曾識得道光明而不熟悉此狀態的人，會感覺法性中陰的光明非常痛苦、駭人。驚慌失措了數秒之後，我執的習氣又開始自我確認，想著：「發生了什麼！這是什麼！我在哪裡？」這樣的自我執著，這種想要於二元體驗中牢牢固定住「我」（自）與「那個」（他）的渴望，正是我們為何會體驗到堅固實有的根本原因。對自我實體的執取，就是造成輪迴惡性循環再次形成的直接原因。

在法性中陰會自然生起一種清澈的開闊感。這與我們在日常生活中，通常得稍微提醒自己保持的禪修正念不同。由於法性，也就是我們的本智，它是無作、不依境的，如此裸然的禪修毋須勤作即可自然生起。此狀態並非由我們的禪修所創造或造作而成，因此極為純粹。經驗豐富的行者可以單純滿懷信心地於此狀態中放鬆。他知道：「這就是我之前所修持的。現在什麼都不必造作，它將自然生起。」

帶著這種由每日修持與獲得穩固所來的信心，解脫就會容易得多。在法性中陰的此刻，修持本身是超越勤作的，我們則能體悟一種自由、安適的心之狀態。

為何會有「光明」、「如是」、「本然」、「無造作」或「本具自性」這些說法呢？這些字詞描述了當佛性獨自顯露時的樣貌。關鍵是，現在就要熟習光明的〔自性〕狀態。我們的人生已幾乎過了一半，當然，這前提是我們還能有下一半的生命。應當善用自己的餘生，真正熟諳此本具光明的狀態。如此，死時就能迎來解脫，我們便不用再經歷任何的後續中陰或再次投生。大悲、善巧的佛陀給予許多廣博且深奧的教導，這些教導就涵攝於此偈言裡：「現下修持道光明之故，死時，基光明中迷亂盡消融」。

分別念與本智

若對於增長佛法實修生起了意趣，則務必要依循上師的禪修竅訣。禪修的技巧有許多不同的法門，有些教導建議要專注於心中的對境，有些則強調只是簡單安住而不需專注點；有些法門會運用到一些分別念，有些則是無分別念；有

些修持非常單純，有些則是繁複精密。無論如何，基本上都要了解兩種心的狀態。爲了讓諸位往後也能記得，我在這裡以藏文名稱來表示。第一種是「森」（心，sem），另一種是「瑞格巴」（本覺，rigpa）。「森」代表的是分別念（概念思考），是對「某件事」的執著，這是一種錯誤的認知方式。「瑞格巴」則沒有執著，是一種離於二元思考的本智。諸位現在要了解這兩種心的狀態之差，這一點極爲重要。經由學習法教、領受竅訣與釐清疑惑，我們就能認識眞實、純正的佛法修持。若能眞實修持，縱使只能體驗到十分短暫的「瑞格巴」，然而不斷多次重複如此眞實的體驗，就能極爲有效地迅速清除迷亂與煩惱。我們便可以很快地悟所應悟且生起證悟功德。另一方面，尚未了知眞正的「瑞格巴」爲何，便在無法決斷此爲「瑞格巴」抑或「森」的情況下修持心的狀態，則將無法切中要點，進步也會緩慢得多。總之，我們務必要辨別「森」與「瑞格巴」。

佛陀教法中以兩種方式來描述實相，包括表相與眞實、膚淺與絕對、世俗與勝義，事物如何顯現與其眞實樣貌。由「森」此分別心所經驗到的一切，向來是膚淺、表相的，屬

於世俗諦，或僅是事物的顯現。然而，以「瑞格巴」此無分別智所經驗到的一切，則向來是眞正、眞實的，也就是事物的如實樣貌。佛陀所說的道光明，純粹就是事物的自性。而無論是運用佛教相關與否的哲學思想，都無法尋獲道光明。就算以機智思惟而欲探究實相的合理說法，也同樣無法找到道光明。道光明並非佛陀所發明的某種新境地，它就僅僅是事物本身的如是自性。

過去，一位身穿黃色袈裟而名爲釋迦牟尼佛的男子現身說法。後人彙集他的教法，名之爲佛教。但他其實僅是指出萬物的自性，也就是本初以來於我們內在便具有的本智，而此自性或本智並非在佛陀時代才突然出現。其眞實狀態，是稱爲「平常心」的究竟自性，此即爲基光明。這是所有人都會在偶然間略爲體驗到的，但實際上它從未與我們分離。並非只有諸佛才能在某些遙遠殊勝之處才能感受到本智，我們同樣能體驗到本智，只不過無法認出。由於無法認出基光明，就難以熟習之。就算我們曾認出此本智，但因爲缺乏穩固，我們總是再度迷失、繼續輪迴。反之，「佛」的意思是能認出本智或基光明，並以此爲修持之道且獲得穩固者。他

斷除了一切過患，成就解脫，實現所有證悟功德。這就是佛果的意義。

禪修中出現的問題

佛教九乘中的各種法教，以各種不同的名相來描述此本然自性。這些名相的使用，與教導本身的直接程度相關，但它們所指的其實都是同一件事，也就是道光明。

如何實際修持道光明呢？我們必須依循一些技巧與方法。首先我們求見上師，請教上師我們該怎麼做。他會說：「禪修。」我們想：「好吧，那我來禪修。」接著會如何？什麼是禪修？我們通常以為禪修就是要坐著，同時心裡想著某個實際或抽象的物體。我們認為一直憶念心中的對境，就是禪修。但真正的道光明並非是對「某個事物」禪修，也非跟隨舊有的思考模式而分心渙散。光明是指實際的樣子，單純是自性的呈現。當我們在作描述時，會使用道光明的字眼；但在修持道光明時，只要簡單保持智慧的相續，在那之中沒有任何文字、沒有對特定對境的禪修。只要我們還認為必須讓自心固定在某件事上，本智就會與我們無緣。無論我

們心中所持守的是抽象或具體的事物，都錯失了要點，也障蔽了道光明。

在聽到如此教導的當下，我們可能會開始不認同有所緣（對境）的禪修，覺得那不夠高階。我們想著：「現在，我將會更進步，來做無所緣的禪修。我心裡要什麼都不想！」但我們其實還保有分別心的參照點，認為要專注在某個無所緣的對境。這仍然是有所緣，還有某些二元設定在腦中揮之不去，而不是真正的道光明禪修。

此外，也可能發生另一種狀況，也就是我們想要全面徹底地了解佛教哲學。我們聽聞「萬法皆空·性空無我」這些教導時，便開始思考：「噢！一直以來，我平常所相信的真實世界、色聲香味觸的五感體驗，如果加以仔細檢視，其實皆非獨立實存。縱然我能體驗事物的顯現，但它們都不擁有任何自性。」有時我們覺得，要了解空性的理論並不困難。此外，那個正在思考「這個對、那個錯」的辨別者，那個試著要找到自己、追查自我的「自己」，亦非能被指出的有形實體。這個自我只是「似乎」存在著。雖然看來有個自我存在，但同時，其實無法找到所謂的「我」。我們現在都

了解沒有真實的自我。這本身沒有問題。我們對空性理論的
了解，還只是關於空性的想法，但我們卻可能誤以為它就是
真實的了證。我們禪修這個想法，讓理論更為堅實，然後什
麼都沒發生。可能如此過了多年，我們終於發現自己很難超
越智識的理解而心懷沮喪。心想：「我做了所有修持但什麼
都沒發生。我真是沒用！」我們也可能會對上師感到憤怒不
滿，心想：「他沒有給我正確的教導，他愚弄了我！我白白
浪費了時間！」這是非常嚴重的問題，是很大的障礙。事實
上，我們所能犯下的最大錯誤莫過於此！因此我會一再強
調，最為關鍵的是，現在就要在見地上、對超越戲論的智
慧，獲得個人的確信與修持的信心，這才真正算數。不過，
這還需要一些準備。

正確的見地及體驗

　　法教中常常使用「法身」、「法性光明」等艱澀的名相
來代表究竟的見地。但實際上，其真正意涵就是我們當下的
心性。沒有分秒的渙散，同時也沒有在禪修什麼。這裡的
「無有渙散」是指〔安住〕於自性的相續中，沒有溜走，也

沒有迷失，意思就是這樣而已。我們可以用禪修的字眼，但只要心裡還持有任何的所緣，無論是殊勝或凡俗的對境，就一定還有二元執著。「法性光明」是指法性，也就是我們的本具自性，雖爲空，然自性明，猶如虛空。虛空雖然爲空，但我們仍能談論它，虛空就是這樣。當我們提到地、水、火、風等大種，因爲能夠實際見到、持有，甚至度量它們，所以很容易理解，而不會懷疑前四大種的存在。但我們也必須說「空」大是存在的，縱然虛空並非堅實存在，它仍然在作用。正如虛空容納一切，法性光明也極爲根本。

法性，字義爲「自性」。非經製造而成，僅是本然。法性非由創造者所製作，非和合而來，乃爲空的。法性同時也如虛空，縱使爲空，卻能容納諸法。法性爲空，但可以涵納萬法的生起和顯現。法性與虛空的不同在於，法性還有其他更多的功德。

爲了要完全善用法性中陰，現在就務必要認識正確的見地。接著，要了解如何保任見地的相續。換句話說，要懂得如何不破壞見地。只要我們把見地視爲某物，或將其當作所緣境來禪修，這就破壞了見地。

在佛陀宣說的八萬四千不同教導中，有著廣博經部、甚深續部與精要竅訣，後者又包括大圓滿、大手印等不同類別，而這些法教當中最為關鍵的要點，即是光明法性中陰開始顯露的那一刻所經驗到的體性，兩者本質相同。

在光明法性中陰時，三身將會自然現前，這就是大手印的境地。切莫將三身視為形色多樣的本尊。所謂「三身」，只是形容光明法性中陰此裸然狀態的各種層面或面貌。教導提到，法身體性為空，報身功德為自性光明或自性明，而化身則是指空明二者的雙運。此等境地，離於對特定對境或概念的執取勤作，故名為「般若波羅蜜多」，即「般若智」。而在此階段之前，仍帶著分別念的我們，從未真正了悟般若波羅蜜多為何。

中觀派的定義是無有任何邊見的宗派。一位不僅通曉經典文字，同時也有一些修持經驗的優秀堪布，就能闡釋中觀見地，同時不與其他教導相違。倘若只學習經典但缺少實修，將難以辦到這一點。出自不同觀點的論述，常常看似與其他論述相斥。在藏地，自空派（Rangtong）與他空派（Shentong）兩個學派間有許多的爭論。一位對見地有信心

且有親身體驗的師長，就能十分精闢地安立自空派的見地且毫無矛盾之處，而成為無懈可擊的教導。除此之外，這樣的師長也能安立他空派的見地，同樣不帶任何矛盾，並且也會是完美的論述。但若是只根據經典立論的學者，僅憑著智識的理解而說：「由色蘊至遍智佛果之諸法一切皆空，有如虛空。」這聽起來就有點過於偏向「斷見」。這好像是說，無論有多少修持，結果皆為空，那一切的意義何在？這會令人灰心喪志。相同地，若是一位經驗不足的師長闡述他空派的見地時，表示佛身與佛智皆是獨立實存，證悟之境界不變且永恆，聽起來就有點過於偏向「常見」，看似並非佛教見地，那也會令人困惑。因此，修持的要點即是要獲得超越戲論的見地。僅將萬物視為不存在，不過是一種戲論；而執持另一種邊見，認為有究竟存在的事物，也是一種戲論。真正的見地毫不執持這些概念。這也是為何教導提到，中觀派的真正見地超越了所有戲論的侷限。

西藏其他的修行傳承都有同樣的結論。薩迦傳承的主要修持是「朗追」（道果）的教導。「朗追」代表的是道與果。法道，指的是運用於修持的教導。將道的教導結合果的

見地，就能打從一開始就以果爲道。這是如何辦到的呢？此時當下，我們就可能直接體驗到基光明，即我們的無所緣自性。這必須融合我們法道上的種種體驗。因爲道光明與基光明本質上完全相同，若我們現在就增長對道光明的熟習，便可於法性中陰時了悟究竟的果。

爲何會有眾多不同的教導？何不一種就好？這些不同的名稱和方法的用意爲何呢？這是因爲人們喜好各異。就算是喝茶的方式，我們都有不同的想法。有些人一定要加一匙的糖，否則無法下嚥，也有人只喝無糖的茶。每個人對飲食都有自己的想法，可能是要很多的鹽、無鹽，又或者少鹽。儘管食物其實基本上沒什麼不同，都從口中進入、然後從另一端離開身體，也都可以維持我們的生命，但有的喜歡尼泊爾菜，有的只喜歡西方食物，又或特別喜歡法國菜。同樣地，根據我們的習慣和偏好，食物該怎麼料理和食用，各自都有各種不同的想法。同樣的道理也適用於佛法教導，因應各式各樣性情不同的人而作調整。因此佛教有各種不同的傳承與法門。

佛陀因大悲而宣說諸多不同的教導與實修法門，然而各

個體系皆總攝為同一要點，那就是：此刻，當你還活著，就應熟習名為「光明法性」的無分別智。它離於任何概念，超越造作的禪修。一言以蔽之，現在就熟習無分別智，死亡之際便毋須經歷其他中陰而再度投生。安住無分別智之中，便足以涵蓋修持的所有層面。我們可能用許多名字來稱呼它，而一旦了悟此要點，佛果就不再僅止於概念，而是直接的體驗，此刻就能證得無上的瑜伽。安住於無分別的智慧時，你就是真正的瑜伽士，一位真正具格的修行者。

令人難過的是，無論在當場傳遞訊息時解釋得多麼清楚，若聽聞者未具可受此法的業力資質，便無法真正吸收教導。佛陀所說的無數教法，闡釋了輪迴、涅槃以及法道等諸法的顯現方式；其中提到「表相顯現」的世俗諦，與「真實自性」的勝義諦，而在法性中陰現前的是諸法的究竟自性。法性，意指真實自性，是超越分別的智慧，離於取捨或刻意的造作。為了確保能在法性中陰獲得解脫，務必現在就要修習無分別智。

大圓滿教導涵蓋了一些特定的修持，直接與法性中陰階段時的體驗相關。大手印也有所謂「那洛六法」的教導，當

中包含了幻身、睡夢瑜伽與中陰修持。若我們修持這些教導並結合清醒時的禪修，此即為「禪定中陰」。而若與睡眠的修持結合，就是「睡夢中陰」，我們可以認出熟睡中的光明。憑藉這些修持，就能在法性中陰時認出光明且成就解脫。「那洛六法」方便道的行者，在認出海市蜃樓、白顯相等種種光明顯現的徵象後，就安住於自明的無分別智，或平常心當中，了知一切顯相皆是法身之展現。至於修持大圓滿頓超的行者，其修持要義是要信任音聲、色彩、光亮與文武百尊的種種體驗，皆是我們自性的本然展現。獲得此等信心，就能確定解脫。

無論是大圓滿、中觀或大手印，關鍵都在於認出正確的見地。首先要認出見地。其後，為了增長對見地的體驗並獲得穩固，則要實修本尊法、那洛六法、頓超等法門。大圓滿教導所建議的頓超修持，可透過各式各樣的顯相與覺受而增長我們對見地的了證。相同地，中陰時所發生的一切，各種顯見的體驗、展現與顯相，都能進一步增長我們的了證。實際上，一切的生起，都成為本智的遊舞或嚴飾，而非成為障礙。

三句擊要的教導

策列仁波切提到噶拉多傑的《椎擊三要》，也就是「直指本來面目，唯於此中決斷，對於解脫得把握❶。」此三句教導總攝了佛陀所有教法的精華。首先，「直指本來面目」是本初根基，即起始點。若一開始無法認出自己的本質，就無法對此作出毫不懷疑的決斷或抉擇。若無法決斷此即為究竟，則永遠無法對解脫獲得信心。

在此的第一要點，是將我們身、語、意的一切行持，實際專注於認出自心本性，這就是起始點。所謂的「直指本來面目」（認出自心本性）是極為重要的一點，其意義純粹是認出自己現在已然擁有的、本俱的無分別智。這並非什麼新玩意，本來就是你的一部分。「直指」（認出）的字義是去獲得某些我們之前尚未擁有的了知。切莫將此誤認為要去發現或找出你原先沒有的某物。

在此之前，我們的研讀、學習與理解可能都停留在概念

---

❶此《椎擊三要》三句偈言為敦珠貝瑪南嘉之譯作。

150

的層次，是一種與自心分別的對境。但法性的自性——「如是」的智慧光明，並非由物質組成，也不具有能讓我們見到的特定形色。它一點都不是那樣。此外，這也並非代表我們自己是某個單獨本體，而要把我們的心視為另外的本體。我們無法透過二元對立的方式，一方看著另一方而直指自己的本來面目。認出根本自性，並非是這麼一回事。

　　此處的真正含義為何？這個有所執取或思惟的心，其精要就是本智，即法性光明。而我們的二元執著與思惟，就像是掩蓋且遮蔽此光明的面紗。

　　簡言之，我們要「直指」（認出）的並非是某個「東西」。那麼，要指出的是什麼？我們必須直接體驗赤裸的智慧，在那一刻，一切分別念都會從心中徹底剝落。也因此，那樣的感受並非是我們造作而成。它純粹就是那樣。問題是它距離我們太近了，就因為近在眼前反而難以看清。此外，它也太簡單了，我們總喜歡更為困難的事物。單純保持沒有任何分別其實非常容易，唯一的難處是這違背了我們的習氣。我們喜歡分別心、喜歡抓著什麼。因此，儘管保持毫無分別是很容易的事，我們的習氣卻會把我們從中拉走。

斷除遮障得解脫

佛陀的法教有著層層次第的架構，利根的修行者會比較法教的次第高低，而找到較低宗派的缺陷與短處。然而，所有的哲學思想都是根據分別概念而立論於智識之上。立斷的見地則是無造作、無禪修且無散亂，它與智識推理或概念洞察相反，超越了理論上的哲學思想。

佛陀曾說：「吾已宣說解脫道，當知解脫在於己。」佛陀已闡釋如何了悟勝義諦，但他無法讓我們對此了悟，我們必須親自為之。我們猶如眼翳病的患者，有人要我們看一顆蘋果，說道：「看看這個！你瞧它有多清楚啊！」但除非我們治癒了眼翳病，否則便無法清晰見到蘋果。同樣地，若要直接體驗與保任自性，即諸法之究竟自性，就必須去除二元智識與習氣的障蔽。若要迅速去除這些細微遮障，最為有效的方法便是在具德上師為我們引介本智之後，即安住於此自性相續之中。然而，除非我們的遮障已減少到相當淺薄的程度，否則無法就此予以斷除。這也是為何仍要教導具有分別參照點的法教，以便減少我們的遮障。因此，務必要累積福

德資糧，且進行淨障修持。所有教導的總攝重點，就是要讓我們能逐步前進，直到連細微的遮障都得以斷除。

諸法皆由因緣和合而生。舉例來說，與生俱來的美貌，並不一定是來自父母的面容姣好，就算漂亮的父母也可能生出醜陋的孩子，所以仍需其他更多的因來配合。〔今生的〕美貌主要是因為在過去生曾以身、語、意利益其他有情眾生的身體。毋需太多解釋，現在就可直接證明我們的心理狀態會如何影響事物。一位沉靜、平和且自律的人，比起心中滿是瞋怒或好勝的人，更能妥善且適宜地處理事情。心思紛亂的人在進行勞力工作時，結果也會歪曲失真。我們的行為造成了習氣，習氣之後又會在心中再次出現。反之，若我們能了悟自性如是，三毒與各種煩惱念頭就會逐漸消失，遮障也會逐漸減少。一旦遮障變少，了悟見地就容易了。因此，佛法修持的整體基礎十分立即且直接，也與我們當下的心的狀態息息相關。修持並非基於那些陳年故事或過往的浪漫敘事。

若有建築師、醫師或藝術家，為了伴侶或金錢而引生煩惱，以致變得焦慮不安，就無法做好工作。醫師要為病人把脈都很困難，藝術家可能連直線都畫不好。這是什麼原因？

就是心中不安的緣故。若有人處在情緒崩潰的邊緣、深度憂鬱或嚴重憂慮，便無法如常地做任何事。

人在極度憤怒時，眼睛就無法看清楚，連一般五感的感知都變得晦澀不明，如此必然無法認出本智。反之，當我們的心寬坦放鬆、感覺自在安適時，一切都很美好——整個世界都讓人心曠神怡，繁花嬌豔，與友言歡，佳餚可口。倘若我們心中煩亂不安，一切都變得不對勁——好友變得煩人、美麗的事物變得醜陋，自己也失去了食慾。如果坐下，就想去別的地方；走到別處，又想要安靜坐下；夜晚也無法入睡。這時候我們其實有點要瘋了，進入輕微瘋狂的狀態。是什麼讓我們瘋狂？是自己煩惱、業力與遮障的顯現。若能簡單安住於明空雙運的自性中，豈不是更好嗎？

務必決斷此一要點。如此的自性超越了好與壞、勝與俗的各種戲論。它是圓滿的空。雖然空，但並非空無一物。它自性為明且覺。如此的空覺雙運即是基光明的自性，在教導中稱為「法性光明」，需要由具德上師以窮訣來為我們指出。當他說：「這就是了！」我們可能會認出它。但僅認出法性光明仍不夠，還必須離於對法性光明的一切懷疑。這就

是「唯於此中決斷」的意義。可以毫無疑慮地決斷自己的體驗即是本智，之後再藉由修持來對解脫獲得信心。一旦你對見地懷有信心，屆時無論任何學者或他人言語，就算是諸佛與菩薩現前對你說：「你錯了！你搞混了！你還是沒弄清楚！」因爲你已體驗到諸法自性、當下的究竟實相，困惑將無從生起。如此，你獲得了全然的信心。

重複修持，徹底熟習心性

以自己對解脫的信心爲基石，便能邁向眞正的解脫。死亡之際，就像是打破瓶身，瓶身內外的虛空融合爲一，不再有絲毫分別。猶如初生的雪獅，立即有行走和跳躍的力量；亦同大鵬金翅鳥的雛鳥，在破殼而出的瞬間就能飛翔。於見地具有信心的行者就如同這樣，對他來說，死亡即是解脫的時刻。我們在此生中對道光明的體驗，與死亡時體驗到的基光明將融爲一體。那並非是兩種不同的光明，而是與法身無別的唯一光明。

也許我們是那種不需繁複修持即可使本覺或無分別智穩固的修行者。但另一方面，我們其實可能仍需運用其他的修

持，以使自己的了知變得穩固。如果對每個人來說，保任本覺都相當簡單且毋需多作什麼，那馬爾巴上師讓密勒日巴經歷種種試煉與艱難就似乎沒什麼道理了。關鍵的要點是，若能直接認出本覺是很好的。但倘若難以認出本覺，為了促使自己能認出佛性，就應進行累積資糧、清淨覆障的各種修持。

「前夜睡夢迷妄深，明日中陰甚難修。②」也許我們在領受竅訣時已經認出心性，但若只停留在此，以為「去年我已經領受竅訣，得到心性指引，這就夠了，我已經得到了！」但其實這仍然不足。為什麼呢？縱然我們已經識得心性，但晚間難道不是仍被夢境徹底欺矇嗎？做了自己喜歡或不喜歡的夢，我們還會選擇取捨，還有喜悅或恐懼等種種感受。這就代表我們仍舊完全受到夢境的矇騙。以這樣的情形，到了法性中陰時又會如何呢？現在我們作夢時，甚至記不得教導，遑論要認出心性。因此，像這樣訓練不足的修行者，在法性中陰證得解脫的機會是相當渺茫的。僅認出心性一兩次是不夠的，務必要一再重複修持，直到徹底熟習心性，而且

②參見《正念明鏡》英譯版第六十三頁。

於任何情況下，甚至在夢境裡，都不會落入迷亂才行。

　　策列・那措・讓卓提到：「此刻我們的身、語、意都仍相合一體，自己也擁有稍許的自由，但若日夜都身陷迷亂中，牢牢攀執著堅固的實有，則於瀕死的痛苦猛烈之時，或於法性中陰恐懼與妄念如颶風漩湧之際，將甚難安住禪修。以此之故，務必要為究竟的長遠大利作好準備。③」

　　如今，我們的日夜幾乎都耗費在執持堅固實有的感覺中。將短暫的事物視為恆常，將受制因緣的存有視為快樂，將不淨的現象視為清淨，將自我視為真實的存在，而這些其實皆不然。由於受到執著堅固實有的矇騙，我們把一生都花在無意義的追求，以為曾剎那認出心性就已足夠且之後必定在法性中陰時也能認得且解脫。這真是愚蠢之極。

　　目前我們的心仍在身體內，我們還有選擇的自由。把時間用來準備死後的歷程，豈不更好？了悟法性光明的自性、我們的本智，這個最終目標會因你現下的修持力量而成為可能。這就是真正的關鍵。

---

③參見《正念明鏡》英譯版第六十三頁。

8 業力之投生中陰

　　至此已講授了前三個中陰,接下來要說明第四個:業力投生中陰。為何名為業力投生中陰呢?死後,我們的心即受到自己的業果與無明、行、識等十二緣起支的支配。因過去積累的業力,我們無可選擇而再次投生。如同前述,接下來也會以三個大綱來解釋投生中陰。首先是如何界定投生中陰,其次是投生中陰的體驗,最後則談到如何用運用竅訣。

最後的解脫機會

　　首要的是,需了解並非所有人都會經歷到業力投生中陰。熟練的行者已然解脫,不需再經歷投生中陰,所以此處就不必針對這類的行者作討論。這個教導是給尚未在此生中陰、臨終中陰與法性光明中陰解脫的次等瑜伽士。瑜伽士的藏文是「那覺巴」(naljorpa)。「那」(nal)字義是自

性，「覺」（jor）則是指融合於彼，安住其中。恆時安住自性的人，就稱爲瑜伽士。

我們也許已經領受竅訣，且此生中曾有一些修持，但尚未達到眞正的穩固，抑且未能有太大的進展，因此在死亡或法性中陰時並未得到解脫。而我們最後的解脫機會，即是業力投生中陰。

要在投生中陰成就解脫，先前必須熟習修持。僅聽聞教導是不夠的，必須有一定的實修，即使僅是非常微小的程度，也至少要能憶起此生中所領受的法教。無論是大手印、大圓滿或中觀的教導，在業力投生中陰若能運用這些教導，將帶來極大的助益。至少，要能憶念在此生中曾認出的道光明，那是我們離於一切戲論，超越生、住、滅的本智。

業力投生中陰如同夢境，看來只持續片刻。此時應當試著離於恐懼與貪著，憶念珍貴佛法並向根本上師祈請。虔敬之力將確使我們得到上師的加持。由於上師的加持、我們對教導的憶念與修持，以及萬法自性之力，藉此三力，我們就可能如於夢中醒來，而投生在五方佛淨土之一的自性化身刹土。

「猶如大夢初醒時，成就具正念之等持。①」此刻，具正念的等持，與修持大手印和大圓滿立斷所得到的了證是完全相同的，這也是中觀教導所說遠離四邊八戲的道光明。其為：「非有，非無，非亦有亦無，非非有非無。」又為：「不生亦不滅，不一亦不異，不常亦不斷，不來亦不去。」尚有許多闡述道光明的其他教導，說的都是同一件事。

能讓我們投生清淨剎土的就是此一具正念的等持。這指的是什麼？指的是煩惱障已然清淨，但仍具二元所知障及習氣。於此情況下，在投生五方佛淨土後，我們仍需完成法道的後續階段。《正念明鏡》提到，打個比方來說，在此類淨土要修持五百年而能成就解脫。我們在自性化身剎土繼續修持直指心性的教導，以此修習臻至圓滿，最終就能證得廣大本淨之佛果，進而以報身和化身這兩種色身顯現而利益有情眾生。

已獲得部份修持穩固的行者、非全新的初學者、與上師和金剛法友之三昧耶未壞損的行者，以及因過去修持而具一

---

①參見《正念明鏡》英譯版第六十五頁。【譯註】此處依藏文而稍作修改。

些力量的行者，這四類行者只會於片刻裡經歷投生中陰，猶如自短暫的夢中醒來。事實上，這樣的行者並不會眞的經歷投生中陰，而會非常迅速解脫至淨土，但因仍會短暫體驗到投生中陰而歸類於此。他們不必再進入新的子宮而投生。

投生中陰的體驗

我們現在的有形色身是由血肉、五大種、色蘊和心識組成。我們能理解、感知且體驗，因此稱作活著的人。當這些組成崩解時，就是死了的人，沒有形體的心識。與此生唯一的差別是，身體和心已然分離。

先前我曾提到在外息停止時，與內息停止後會有的體驗。此時將體驗到法性光明與隨之而來的色彩、音聲、光亮等種種顯現。由於無法安住本智之中，習氣使我們的心識臆造出一種意生身的形體，並繼續進入投生中陰。眞正的投生中陰是指「從迷亂習氣的生起爲始，直至進入來世投生子宮內爲止②」之期間。意生身在投生中陰裡遊蕩並尋覓投生的

---

②參見《正念明鏡》英譯版第六十六頁。

處所，亡者會驚懼不已，充滿絕望，經歷到難以承受的痛苦。

在投生中陰時會發生且體驗到什麼呢？對於未曾領受竅訣且因而未曾實修的凡夫（補特伽羅）而言，「由於業障深重，難以具足頗瓦往生竅訣等運用方便與緣起。③」對於缺少修持力或因毀損密續誓戒而障蔽心性的人來說，要在死亡時修持頗瓦是很難的。心識好比隨風飄動的樹葉，在中陰裡遊蕩。此時若已累積福德且清淨惡行，或者與修道上師已有連結，無論此連結是好是壞，都能有相當大的助益。

投生中陰與之後進入來世，所經歷到的任何問題都出自同一原因，也就是此生當中我們並未認識自己的如來藏、我們的自性。由於無法認出根本自性，當其裸然展現於法性光明中陰時，種種音聲、色彩、光亮、文武百尊的顯現都讓我們恐懼而昏厥。為了躲避這些難以承受且令人生畏的清淨顯相，我們最終進入業力投生中陰。這個不願認出心性而想從清淨顯相逃回至二元分別的習氣，就是驅使我們再次投生於

---

③ 參見《正念明鏡》英譯版第六十七頁。【譯註】此處依藏文而稍作修改。

六道輪迴的根本原因。

離開無為法性中陰之後，我們再度啟動了十二緣起支之輪，經歷無明、行、識以及後續的名色諸蘊等而無盡輪轉。十二緣起支中，有些是煩惱，有些是痛苦，有些則是造業。舉例來說，無明屬煩惱，行又屬於業等。但實際上，十二緣起支的每個緣起支都倚賴前一支。當十二緣起支持續輪轉，就會帶來下一個投生。

第一個的無明緣起支，事實上就是無法認出基光明、無法認出我們的根本佛性。由於困惑與無明之故，念頭在我們心中生起，它的模式是對某個事物的「樂受」（喜愛）、「苦受」（厭惡）、或「不苦不樂受」（漠然）。這些念頭會變得更加堅實，以致我們開始抓取，且導致更益發強烈的執著。

投生中陰時我們所擁有的「意生身」，與現在以有形物質組成的身體不同。意生身是由五大種的自性組成，因此看似堅實，也因此我們還會有飢餓的種種感受。儘管此時我們無法食用有形飲食，但仍感到需要進食。教導提到中陰的意生身以食香維生，亡者只能食用專為其迴向所焚燒的供品香

氣。

除此之外，那時我們會有某些神通且可以感知他人的念頭。意生身因為缺少來自母親與父親的紅白明點，無法感知外在的日月光芒。然而意生身本身帶有一些光明，所到之處都會被我們自己所照亮。我們回到家中時，見到親友想與他們交談，但他們無法感知意生身，因此不會回應我們。看到他們準備要花我們的金錢、用我們的物品，我們可能會生氣難過，而且非常執著於自己先前的所有物。

亡者除了不能進入來世母親的子宮，以及印度菩提迦耶的金剛座④這兩個處所之外，其他地方都能瞬間到達。只要想到哪裡，我們馬上就能到達該處。當我們發現自己的腳不會在地上留下足印、鏡中也不會映照自己的身影，因而領悟到自己已經離世時，可能會突然受到打擊。此刻我們感到非常害怕，心想：「我已經死了嗎？」我們慢慢會發現這已成事實。

投生中陰的體驗完全是自己的業果。有時也許本來非常

---

④金剛座有時可代表「無可摧破之證悟境地」。

宜人，下一瞬就令人驚懼不已。教導說到，五大種此時如敵軍現前。有些會感到被灼燒、被沖走，或被吹走。但這些都與個人的業相有關。有些曾經殺害昆蟲與動物的人，可能會感覺被這些動物和昆蟲追趕，牠們想要吃掉自己，甚至把自己大卸八塊。

曾有極少數的例子，是心識離開身體後又回到體內，眞的重新復活且繼續留在人世。在藏地把這稱爲死後復生。儘管一般人無法見到亡者，但一些具有神通或有高證量的修行者能夠感知亡者。亡靈之間因身處在相同狀態，可以看見彼此。有個故事是關於一位過世的人，他在投生中曾見到另一位已死去的人。第二位亡者說：「這太可怕了。活著的時候我在家裡的牆壁中藏了很多金子，眞的很捨不得。除非有人把它們取出來使用，不然我會一直困在這裡。」因爲投生中陰的亡者有預知未來的神通，他告訴第一位亡者說：「你會重新復活，請告知我住在那裡的家人，金子就藏在哪個房間的牆壁中。請他們把金子取出，用來行善，同時爲我迴向福德。」第一位亡者眞的再次復活，並依照第二位亡者所交待的去做，親友們找到金子且爲亡者行善迴向。

利益投生中陰亡者的作法

有兩種人不會進入投生中陰。第一種是熟練的修行者，他們在死亡或法性中陰時已即刻解脫。另一種是罪大惡極的人，他們由於曾在瞋恨心起時殺害了許多人，將直接落入地獄道。除了這兩種狀況，所有眾生死後都會經歷投生中陰，時間約為四十九天，但這只是平均來說，並非一定如此。曾有一些例子，是人們停留投生中陰長達數月或數年的時間。在這七週的時間內，亡者每七天都會於此中陰裡再次經歷死亡又復生。

若他人為亡者修法，尤其在過世的前四天內，可帶來極大的利益。此外，若由親近法友在這段期間大聲讀誦《中陰大聞解脫》的教導，也會有極佳的效果。已成就三三摩地修持力的行者，能夠召喚亡者的心識。力量較弱的亡者心識，會自然在此等行者前現身，行者就能闡釋佛法並給予最後的教導，例如：「現在，你已經到了這個關頭。不要害怕，不要分心散亂！要如此修持，要這樣和那樣做。」過去曾有許多故事，都談到這些教導對亡者的極大效益與幫助。

在投生中陰的四十九天內，若他人爲亡者修法，將帶來很大的幫助。這段期間每隔七天都是亡者可成就解脫的大好機會，也就是過世的第七天（頭七）與第十四天等。這也是爲何那些特別爲亡者舉行的修法都會選在這些日子進行的原因。

最好的狀況，是請成就上師爲剛過世的人做些法事。此處的「成就上師」，是指已了達空性且對了證具有信心的人。以此之故，其所爲之累積福德的薈供或儀式等一切善行，都能結合有所緣善與無所緣善。若無法找到在世的成就上師，至少要由清淨發心的人爲亡者誦經或供養聖眾，並將福德迴向給過世的亡者，這也是利益廣大。

在這七週內，以一半的時間爲分水嶺，前半段的投生中陰，主要會以亡者前世感知事物的經驗與習氣爲主；後半段則會由日益增強的來世投生性格所主導。我們來世的投生，取決於自己心中六隨眠（六根本煩惱）最爲強烈者。這並不表示我們沒有其他五毒煩惱，而是「貪、瞋、癡、慢、疑、邪見」此六隨眠其中何者最爲強烈，將決定我們之後於六道的投生。

由於這些煩惱的本質就是智慧，若能認出其自性，就有機會解脫。若無法認出自性，我們將結束投生中陰，繼續流轉輪迴。

　　投生中陰時，會顯現各種不同的色彩，且這些暗淡不明的顏色分別對應至六道。若將投生為天道天神會有白光顯現；阿修羅道為紅色；人道為藍色；畜牲道為綠色；餓鬼道是暗淡的黃色；如將投生地獄道者則為灰色或黑色⑤。

　　如果再次以人身投生人間，且將無暇修行，感覺會有如進入迷霧之中。反之，若投生為具足修持佛法條件的暇滿人身，則宛如進入美麗的城市。

　　以人身再次投生時，心識會進入母親的子宮。有個徵象可辨別投生者將為男或女，若對未來父親生起強烈的貪愛，將投生為女；若對未來母親生起強烈的貪愛，則投生為男。此外也會對與自己相同性別的母或父懷有瞋心。即使不是經由子宮投生，而是以「化生」立即投生者，仍會有貪愛與瞋恨的感受。投生時，總是同時會有此兩種感受。

---

⑤參見《正念明鏡》英譯版第七十頁。

此生修持極為關鍵

策列仁波切說到，比起此生中陰，在法性中陰和投生中陰更易於認出我們的自性，即基光明。然而即使我們現在就可認出基光明，也難以修習而進步。就算我們的修持達到一些穩固程度，要全然解脫仍有困難。《正念明鏡》和其他禪修教導都提到，在法性中陰和投生中陰得到解脫甚為容易。這是什麼緣故呢？

此刻，我們「風心無別」的心識仍被封存在有形肉體中。被困在這個有形身體裡的心，並非真正自由。而在法性中陰與投生中陰而尚未進入下一世的子宮前，心識與肉體分離。這段期間內，心識沒有根基，也不受任何「外殼包裝」的束縛。故於此二中陰時，易於認出心性、修持並獲得穩固。

於此生中陰時，務必修持並熟習道光明，解脫與否，全然決定於此。若對認出道光明的修持達到全然熟習，也就是穩固的程度，則最佳的結果便是再也不需經歷其他中陰。根據我們修持的穩固程度，我們勢必能在死亡之際、光明法性

中陰，或投生中陰的其中一時獲得證悟。這一點無庸置疑。

此刻的一些特定修持，將幫助自己在死後的歷程中認出心性。我們現在就要於睡夢瑜伽與幻身修持中熟習這樣的想法：「這不過是夢，一切如夢似幻，我已經死了。一切皆非真實。所有感知到的顯相，皆是虛幻不實！」於心中留下這些印記，能讓我們在真正死亡而要認出實相、運用竅訣以成就解脫時，更容易得多。

帝洛巴曾對那洛巴說：「束縛自己的，是執著而非顯相。斬斷執著吧！那洛巴！」一切教導都提到，真正必須斷除的不是我們的體驗，而是我們對體驗的貪愛、執取與耽著，這才是重點。

投生中陰時要獲得解脫的最大障礙，即是對見地信心不足。我們也許已認出了見地，可惜卻未對此認出獲得穩固。於中陰時，另一個真正會成為巨大阻障的，則是對生前所有物的貪愛或強烈的怨懟。因此，在過世之前或死亡過程中，千萬要徹底放下對任何人事物的瞋恨或執著，這點極為重要。否則，若種種負面念頭在中陰時再度生起，將很難證得解脫。

幫助亡者的修持

　　《正念明鏡》與《中陰大聞解脫》都教導了如何在即將進入來世母親的子宮時，阻斷投生之門。要在此時避免投生且成就解脫，是可以辦到的，最好的方法就是簡單安住於大手印、大圓滿或中觀的見地中。倘若無法做到這一點，此時應觀想父母為本尊與明妃，以避免投生。否則，我們的貪愛與瞋恨將迫使自己無助地進入下一世。應當注意，切莫讓此事發生。

　　即將投生之際，最佳的方法就是修持圓滿次第，其次則為生起次第。我們能以這些法門迅速圓滿認出心性的修持，且證得解脫。倘若無法如此修持，對自己的心性毫無掌握，就應以強烈的願心向根本上師祈請：「我毫無選擇之力，故請您賜予加持，讓我能投生可接觸佛法之地並領受竅訣，迅速成就諸道次第而證得菩提。莫讓我投生凡夫之軀，願能得珍貴暇滿人身！」以諸佛菩薩之加持、諸法自性與此願力之故，就可能投生於再次接觸佛法的環境。

　　他人能為剛過世的亡者做些什麼呢？可以透過各種修

法；在臨終者口中放入加持聖物；持誦《中陰大聞解脫》；以「佩解脫」的殊勝圖像（咒輪）接觸身體等，這些事都能幫助亡者。特別有效的做法是，請具有了證的上師修法，勾召亡者的心識前來，並將心識融入特定的圖像中，接著對其賜予四種灌頂，並在每個灌頂階段都清楚給予心性指引。這個度亡法（焚燒姓名的儀式）對亡者有極大的幫助。

在此我想說個故事。頂果欽哲仁波切家裡共有三兄弟，其中一位是偉大的上師桑傑年巴仁波切（Sangye Nyenpa Rinpoche）。另一位雖不是大修行者，但曾多次見過十六世大寶法王噶瑪巴。噶瑪巴非常喜歡他，總是開他玩笑。噶瑪巴叫他小丑，常跟他玩在一起。

在頂果欽哲仁波切與兄弟們從西藏東部旅行到中部的路上，這位老三過世了。他死前曾經跌傷，還把前牙撞掉了。欽哲仁波切與兄長桑傑年巴繼續前往中藏，在那邊遇見了噶瑪巴法王，法王說：「我已經見到你哥哥了。他前陣子經過這裡。雖然他把牙齒摔斷了，但看起來很不錯。」

噶瑪巴不可能知道欽哲仁波切的弟弟已在途中過世。就算他聽說這消息，也極不可能知道弟弟牙齒摔斷的事，但他

就是知道。欽哲仁波切非常驚訝地問：「您怎麼會知道這些事？這太神奇了。」噶瑪巴回答：「這些沒什麼重要，不用多說。我可是噶瑪巴，由於過去的發願與修持，我的確有些功德，但沒必要講這些。不過有件事的確常常發生，我這一生遇過的每一個人，無論我們之間的緣分是好是壞，在他們死亡但還沒投生前都會來找我。有些我幫得上忙，但有些則不見得。總之，你弟弟看來沒有任何問題。」

　　還有另一則關於我祖父企美·多傑（Chimey Dorje）的故事，他是一位修為相當高的行者。有一次他在閉關，由家父烏金祖古仁波切擔任侍者。當時，祖父的許多弟子都住在附近。其中一位女尼突然得知她父親過世的消息，非常哀慟絕望，直奔企美·多傑的閉關小屋，敲門大叫：「求求你，求求你一定要趕快做點什麼。我父親死了！」她請求仁波切修度亡法，哀求著：「請馬上修度亡法，好讓我父親不會投生惡道。」由於她一再堅持，企美·多傑便囑咐烏金祖古仁波切：「準備好儀式用品。」所有必要物品都放在企美·多傑面前，有張貼在棍子上的紙寫著亡者的姓名。企美·多傑開始召喚亡者的心識。在修法一兩次後，他忽然說：「這

毫無意義！」他把金剛杵與金剛鈴放下，說：「把東西收起來，不必繼續了。她的父親沒死。」祖古烏金仁波切說：「但請幫幫忙，她說他已經死了。她父親已經沒有呼吸，也被移了到天葬場。現在只剩下把屍體切塊餵鳥了。」企美・多傑說：「不，不！至少我還知道誰死了沒、我還知道心識有沒有來。也許我還沒有完全證悟，但至少還懂這些。」隔天有個人騎著馬過來，說女尼的父親本來已經被帶到墳場，躺在那裡的時候突然真的醒過來，後來大家送他回家了。他並沒有死。

爲亡者進行的度亡法，最好要由對了證具有信心的上師進行。如此，無疑能帶來幫助。任何喇嘛或僧人當然也可以大聲朗讀法本，但這還不夠。更重要的是，必須以眞正想幫助亡者的清淨動機而爲。就算是一位尙未了證的行者，若擁有清淨發心，就能對亡者帶來些許利益。

此外還有爲亡者行善而迴向福德的傳統。由於亡者可以感知參與者的心態，也曉得這些行爲的效用，所以這些善行務必要如理如法。絕對不要以宰殺動物的方式來主持紀念亡者的儀式。一切皆需清淨而爲，這一點非常重要。如果亡者

是一位大修行者，由於其已得到解脫，便不需要他人幫忙。但若亡者並非大修行者，這些修法與善行都會有很大的幫助。

然而，僅由他人在你死後為你修法行善，並不能確定解脫。我們還活著的此刻，務必讓自己熟習修持。了悟自性究竟實相的行者，已超越了一切戲論，則毋須再經歷這些中陰。只有尚未認出自性、尚未通達究竟實相的人，才會經歷這些中陰。

四中陰的教導總結於此。有些人認為中陰教法是個特例，對於學習佛法不太重要。他們也許以為這些是支分的教導而非真正重點。如此的心態代表他們其實缺乏了解。我們在生死之間所經歷的一切，都發生在四中陰之一的期間內，而所有的佛法教導，都是為了讓每個人得以面對各種中陰歷程，成就解脫。

後記

　　我的母親坤桑・德千於一九九一年四月二十四日過世。
儘管她因胰腺癌承受了數個月的痛苦折磨，但她從未抱怨一
字一句。當大家請我以她的生命與死亡，為本書中的教導撰
寫追悼文時，我想，最好的方式，莫過於用她親口說過的
話：「現在，我的死期已到，我已無任何執著。年少時我恐
懼死亡，因此用全部的人生精進修持。如今，我已經來到死
亡邊緣。曾聽說，最好的修行者會快樂地死去；次等的修行
者無懼於死亡；修行最劣的人，死亡時毫無遺憾。而我，沒
有絲毫的恐懼或遺憾。此刻，這身體的束縛就要崩解，我會
像逃離陷阱的鳥兒，展翅高飛。我現在的心願是，請求傳承
持有者都能長久住世、利益一切有情。祈願我能為他們承擔
其可能經歷的任何色身障難，使他們無有阻礙。這就是我所
發下的願望。」

【附錄 1】
詞彙解釋

【二劃】

二元執取、二觀、二取 Dualistic Knowledge（gnyis snang gi shes pa，藏）：能知（感知者）與所知（被感知者）的分別體驗。

二元所知障 Obscuration of Dualistic Knowledge（shes bya'i sgrib pa，藏）：執取主體（作者）、客體（受者）、行為（所作）的細微障蔽。

二諦 Two Truths（bden pa gnyis，藏）：世俗諦與勝義諦。世俗諦描述了萬法表象、膚淺且顯見的層面。勝義諦描述了真實、正確且無謬的層面。這兩種層面的實相，在四部宗義與金剛乘密續中有不同的定義方式，每一層都更加深刻、且更為接近事物的「如是」面貌。

二資糧 Two Accumulations（tshogs gnyis，藏）：以分別心所累積的福德資糧，與超越分別心所累積的智慧資糧。

八大車乘、八大修道車乘 Eight Great Chariots of The Practice Lineage（sgrub brgyud shing rta brgyad，藏）：盛行於藏地的八大佛教宗派，分別為寧瑪派、噶當派、瑪巴噶舉、香巴噶舉、薩迦派、究竹派、念竹派，以及息法（音譯：希解）與斷法（俗稱：施身法）。只有前五派至今仍為獨立的傳承（譯按：其餘皆融入各大教派中，且依然有人修持）。

八大修持傳承 Eight Practice Lineages（sgrub brgyud brgyad，藏）：如上述。

十地 Ten Bhumis（sa bcu，藏）：聖位菩薩欲成就圓滿證悟之佛的十個進程階段。每一階段都清淨更多的細微垢染，且展現更多的證悟功德。十地依序為歡喜地、離垢地、發光地、焰慧地、難勝地、現前地、遠行地、不動地、善慧地與法雲地。

十不善 Ten Nonvirtues（mi dge ba bcu，藏）：身之不善為殺生、不予取、邪淫；語之不善為妄語、離間語、惡口、綺語；意之不善為貪心、害心、邪見。

十善 Ten Virtues（dge ba bcu，藏）：一般而言，十善是指戒

除前述的十不善行，尤其是行持相反的行為，如護生、佈施等等。

十二分教、十二部經 Twelve Aspects of Excellent Speech（gsung rab yan lag bcu gnyis，藏）：佛典的十二種分類。契經（mdo sde，藏）、重頌（dbyangs su bsnyad pa，藏）、授記（lung du bstan pa，藏）、諷頌（tshigs su bcad pa，藏）、自說（mched du brjod pa，藏）、因緣（gleng gzhi，藏）、譬喻（rtogs pa brjod pa，藏）、本事（de lta bu byung ba，藏）、本生（skyes pa'i rabs，藏）、方廣（shin tu rgyas pa'i sde，藏）、稀法（rmad du byung ba，藏）、論議（gtan la dbab pa，藏）。

十二緣起支、十二因緣 Twelve Links of Dependent Origination（rten cing 'brel bar 'byung ba，藏）：將眾生囚困於輪迴而持續受苦的十二重因果循環。緣於「無明」（ma rig pa，藏）而產生「行」（'du byed，藏）；緣於「行」而產生「識」（rnam par shes pa，藏）；緣於「識」而產生「名色」（ming dang gzugs，藏）；緣於「名色」而產生「六入」（skye mched drug，藏）；緣於「六入」而產生「觸」（reg

pa，藏）；緣於「觸」而產生「受」（'tshor ba，藏）；緣
於「受」而產生「愛」（sred pa，藏）；緣於「愛」而產
生「取」（nye bar len pa，藏）；緣於「取」而產生「有」
（srid pa，藏）；緣於「有」而產生「生」（skye ba，藏）；
緣於「生」而產生「老死」（rga shi，藏）。參見「緣起
相依」。

【三劃】

上師 Guru（bla ma，藏）：修道上的導師。

上三道、三善趣 Three Higher Realms（mtho ris gsum，藏）：
指人道、阿修羅道（asuras）與天道（devas）。相較於畜
牲道、餓鬼道與地獄道的三惡道，三善道縱然較為宜人，
但即使是最高的天道仍在輪迴之中，三善道依舊沒有永恆
的快樂。

口傳 Reading Transmission（lung，藏）：聽聞對教法的大聲
讀誦，而得到學習此法的開許。

三身 Three Kayas（sku gsum，藏）：法身、報身與化身。
三身在「基」的面向上，是「體性空、自性明、大悲周

遍」；「道」的面向上，是「樂、明、無念」；「果」的層面則是「三身佛果」。三身佛果，一是法身，離於所有戲論且具有「二十一類證悟功德」；二爲報身，自性爲光，且具有唯菩薩能感知的莊嚴相好；三爲化身，變現爲種種不同形貌，淨與不淨之眾生皆能感知化身。

三毒 Three Mind Poisons（dug gsum，藏）：貪、瞋、癡。

三根本 Three Roots（rtsa ba gsum，藏）：上師、本尊、空行。上師是加持之根本，本尊是成就之根本，空行是事業之根本。

三昧耶 Samaya（dam tshig，藏）：金剛乘修行的神聖誓言、戒條或諾言。就本質而言，外在意義是與金剛上師、金剛法友之間的和諧關係；內在意義則是不間斷且不散漫地持續修持。

三等持、三三摩地 Three Samadhis（ting nge 'dzin gsum，藏）：如是三摩地、遍照三摩地、因（種子字）三摩地這三種等持。三三摩地即是生起次第的修持架構。

三神變 Three Kinds of Miraculous Powers（cho 'phrul gsum，藏）：化身佛以身、語、意所爲的圓滿行持。

大乘 Mahayana（theg pa chen po，藏）：「大車乘」。當談到「大、小乘」時，大乘包含了密乘，而小乘則涵蓋了聲聞乘和緣覺乘的教導。所謂「大」或「小」是根據發心的廣大、採取的法門、洞見的深淺差別而定。【譯註】爲避免引發優劣之爭，當今大多以別解脫乘、上座部佛教、南傳佛教等詞來代替小乘，而以菩薩乘來代替大乘，本書多處亦如此採用。

大手印 Mahamudra（phyag rgya chen po，藏）：字意爲「大印」，是了悟自身佛性最直接的修持。此套教法爲噶舉、格魯、薩迦等新譯派金剛乘修持之根本見地。

大圓滿、佐千 Dzogchen（rdzogs pa chen po，藏）（Mahasandhi，梵）：也稱爲大圓滿與阿底瑜伽。是舊譯寧瑪派的最高教法。世上最廣爲人知的傳承祖師有噶拉多傑（極喜金剛）、文殊友（Manjushrimitra，妙吉祥友）、師利星哈（Shri Singha 吉祥獅子）、迦納蘇札（Jnanasutra，智經）、無垢友（Vimalamitra）、蓮花生大士（Padmasambhava）與毗盧遮那（Vairochana）。大圓滿主要有經典傳承與教言傳承兩種系統。此外，這些偉大上師將眾多大圓滿教導

以伏藏法封印，再於往後的幾個世紀中陸續取出。教言傳承，是從持有大圓滿傳承的具德上師處親自領受竅訣。

大悲周遍 Function（thugs rje，藏）：指大圓滿教法的三個面向之一。此三面向為：體性空、自性明、大悲周遍；大悲周遍是指空明不二的自性展現。【譯註】英譯原文為「作用」（function），藏文字義為「悲心」，此處參考藏文原意而譯為大悲周遍。

工珠·羅卓·泰耶 Kongtrül Lodrö Thaye（1813-1899）：即蔣貢·工珠·羅卓·泰耶，其伏藏師名為企美·永隼·林巴（Chimey Yungdrung Lingpa）。他是十九世紀利美運動的先鋒。因身兼成就大師、學者與作家而享有盛名，撰有超過一百函的著作。最有名的是他的《五寶藏》（*Five Treasures*），其中《大寶伏藏》（*Rinchen Terdzö*）多達六十三函，為一百位大伏藏師所取伏藏法的編彙集結。

【四劃】

天 God（lha，藏）：在此教導中，指六道之一的天道眾生。

幻身 Illusory Body（sgyu lus，藏）：那洛六法之一。

化身 Nirmanakaya（sprul sku，藏）:「應化身」（化現身）、「幻變身」，是三身的第三種。爲凡夫可感知的證悟面向。

心性 Mind Essence（sems nyid，sems ngo，藏）:心之自性，也是「佛性」的同義詞。心性與心（sems，藏音:森）兩者不同。「心」是基於無明的凡庸尋思，而「心性」則是讓念頭可從中產生的基本空間。

心部 Mind Section（sems sde，藏）:大圓滿三部教法的第一部。

中脈（Avadhuti，梵）:指身體裡的微細中脈。自脊柱底部延伸至頭頂。

中觀 Madhyamika（dbu ma，藏）:中觀派，爲佛教四部宗義當中的最高學派。中觀意指不落入任何邊見，尤其是不落入常見與斷見。

五智 Five Wisdoms（ye shes lnga，藏）:法界體性智、大圓鏡智、平等性智、妙觀察智、成所作智。五智代表如來藏（佛性）的五種作用。

五道 Five Paths（lam lnga，藏）:資糧道、加行道、見道、

修道、無學道。此五道涵蓋了真誠展開佛法修持直至圓滿證悟的整個過程。

五決定、五圓滿 Five Perfections（phun sum tshogs pa lnga，藏）：導師決定、眷屬決定、法教決定、處所決定、時間決定。此為報身剎土的五種特質。

五蘊 Five Aggregates（phung po lnga，藏）：色、受、想、行、識，有情眾生身心組成的五個層面。

五神通、五神變 Five Superknowledges（mngon shes lnga，藏）：如意通、天眼通、天耳通、宿命通、他心通等神變力。

六度、六波羅蜜多 Six Paramitas（phar phyin drug，藏）：佈施、持戒、安忍、精進、禪定、智慧此六種出世行持。

六道 Six Realms（rigs drug gi gnas，藏）：天道、阿修羅道、人道、畜牲（旁生）道、餓鬼道與地獄道。

六隨念、六念法 Six Recollections（rjes dran drug，藏）：有不同的分類內容，其中最適切者為：隨念本尊、隨念法道、隨念投生處、隨念禪定、隨念上師之竅訣、隨念見地。蓮花生大士在《四中陰竅訣指引》（*Great Pointing-*

out Instruction of the Four Bardo States）中提到：「隨念本尊，將得見三身之文武百尊面容；隨念法道，故能於中陰掌握本具自性。隨念投生處，縱使為劣等根器者，也能投生化身剎土。隨念禪修，能住於〔死後〕禪定五日之久。隨念上師之竅訣，所有直接體驗皆成無礙智慧。隨念見地，了悟任運自成即是報身之壇城。猶如遇見熟悉之人，認出自己本來面目。」

文武百尊、靜忿百尊 One Hundred Peaceful and Wrathful Deities（zhi khro'i lha brgya，藏）：四十二位寂靜尊與五十八位忿怒尊，代表佛性的不同功德。參見「靜猛天尊」。

【五劃】

本智、本俱智慧 Innate Wakefulness（rang gnas kyi ye shes，藏）：心的根本自性。

本淨、本初清淨 Primordial Purity（ka dag，藏）：有情眾生的根本自性，其自本初以來從未受到垢染；超越迷亂，也超越解脫。

本尊 Yidam（yi dam，藏）：「三根本」（Three Roots）當中

的個別天尊與成就根本。本尊是個人修持的個別保護者與引領證悟者。傳統上，本尊修持是前行預備法之後的正行，其包含生起與圓滿兩種次第，也是契入更為精妙的大手印與大圓滿修持之完美橋樑。在此之後，本尊修持則為這些精妙見地的圓滿增益法。

本覺 Awareness（rig pa，藏）：大圓滿或了義大手印的見地中，「本覺」是指離於無明與二元執取的心識。

平常心 Ordinary Mind（tha mal gyi shes pa，藏）：並非指尚未證悟者的凡庸心狀態，而是指「平常」，非造作、未被改變、未作修整的當下智慧。

他空派 Shentong（gzhan stong，藏）：西藏中觀派的一種見解，強調空性與明性二者無別。他空派認為，在佛性之中，自然就有佛果的佛身與智慧。

四大宗派 Four Philosophical Schools（grub mtha' bzhi，藏）：見「宗派」。

四聖諦 Four Noble Truths（'phags pa'i bden pa bzhi，藏）：四諦是指苦諦、集諦、滅諦、道諦。苦諦，與世間和眾生有關；集諦，與業力和煩惱有關；滅諦，是關於斷除業

力、煩惱及其結果；道諦，是佛教的五道十地，能夠解決痛苦的究竟方法。苦諦猶如疾病，集諦爲疾病之因，滅諦則如自疾病中康復，道諦則是依循醫囑治療疾病。隨著修行者在三乘上的進展而漸漸對四諦有更深之了悟。

四灌、四種灌頂 Four Empowerments（dbang bzhi，藏）：寶瓶灌頂、秘密灌頂、智慧灌頂、句義灌頂。蓮花生大士在《道次第・智慧藏》（*Lamrim Yeshe Nyingpo*）提到：「淨化身、脈的寶瓶灌頂，即金剛身和化身之種子；淨化語、風的秘密灌頂，即金剛語和報身之種子；淨化心和自性的智慧灌頂，即金剛意與法身之種子；淨化總基（阿賴耶）習氣的究竟灌頂，則是金剛智與自性身之種子。」

世間八法 Eight Worldly Concerns（'jig rten chos brgyad，藏）：喜好利、樂、稱、譽；不喜衰、毀、譏、苦。

世俗諦 Relative Truth（kun rdzob kyi bden pa，藏）：表面、膚淺且假象的眞實。不同宗派對世俗諦有各自的定義。

生起次第 Development Stage（bskyed rim，藏）（utpattikrama，梵）：金剛乘的兩種修持面向之一。由心所造的清淨意象來淨化習氣。生起次第的精要爲「淨觀」或「清淨觀」，

也就是視一切色相爲本尊、一切音聲爲咒語、一切念頭爲智慧。

白顯相 Whiteness（dkar lam，藏）：明、增、得三種微細消融次第的第一階段。

【六劃】

地 Bhumi（sa，藏）：即菩薩。是指菩薩爲成就正等正覺，所需經歷的十個階段。此十地對應至大乘五道中的後三道。請參見「十地」。

光明 Luminosity （'od gsal，藏）：金剛乘義理中的關鍵詞。在大乘中，若過度強調空性會導致斷見，光明一詞則表明金剛乘與此的差異。米滂仁波切（Mipham Rinpoche）提到：「『光明』是指離於無知的黑暗，且具有明了的能力。」

因果 Cause and Effect（rgyu 'bras，藏）：（一）緣起相依的自然定律。（二）業力法則。

仰諦 Yangti（yang ti，藏）：大圓滿竅訣部的支分教導，強調大圓滿教導中的獨特要點。

自空派 Rangtong（rang stong，藏）：西藏中觀派的一種見解，強調無實存的空性。相對於他空派。

此生中陰 Bardo of This Life（skye gnas kyi bar do，藏）：自母胎子宮受孕開始，直到遭遇無可逆轉之死緣爲止的期間。「此生」的字義是「出生且仍活著」。

如來、佛 Tathagata（de bzhin gshegs pa，藏）：即圓滿證悟之佛。

如是、眞如 Thatness（de bzhin nyid，藏）：諸法與心的自性。

如來藏 Enlightened Essence（bde gshegs snying po，藏）（sugatagarbha，梵）：本書中，如來藏爲佛性的同義詞。

如所有智、空性智 Wisdom of Knowing the Nature As It Is（gnas lugs ji lta ba mkhyen pa'i ye shes，藏）：了悟萬法自性的智慧。

行菩提心 Bodhichitta of Application（'jug pa'i byang chub kyi sems，藏）：受持菩薩戒的行者，致力於實踐度脫一切眾生之願。主要包含六波羅蜜多的修持。

【七劃】

佛土、刹土、淨土 Buddhafield（sangs rgyas kyi zhing khams，藏）：根據經典，淨土是由諸佛願力與有情眾生之善德所化現。而在密續中，淨土即為證悟狀態的一種展現。淨土可分為清淨報身淨土、半報身半化身淨土，以及「自性化身」刹土。其中，自性化身刹土的例子為極樂淨土（Sukhavati），即阿彌陀佛淨土。在投生中陰時，修行者可因清淨信心、福德具足與專一決心而投生於此。

佛性、善逝藏、如來藏 Sugatagarbha（bde bar gshegs pa'i snying po，藏）：「善逝之精華」，為西方最常見的梵文詞，譯為「佛性」。

佛陀 Buddha（sangs rgyas，藏）：「證悟者」或「覺者」，已徹底清淨一切遮障，並圓滿所有善妙功德者。成就真實圓滿證悟的菩薩，稱為佛。佛陀一般則是指釋迦牟尼佛，為當今世間之佛，約西元前六世紀時出生於印度。過去無量劫中，已有無數諸佛為我們示現證悟之道。現今賢劫之中將有千佛出興於世，而釋迦牟尼佛為其中第四佛。

妥噶 Tögal（thod rgal，藏）：即「頓超」，立即超越。大圓

滿有「立斷」與「頓超」兩種主要教導。前者強調本初清淨（本淨）的面向，後者強調任運自成（任成）的面向。

別解脫乘、小乘 Hinayana（theg pa dman pa，藏）：為成就個人解脫，專注思惟四聖諦與十二緣起支的法乘。

【八劃】

果 Fruition（'bras bu，藏）：法道的終點。通常是指究竟且圓滿的佛果。也可指聲聞、緣覺（辟支佛）、菩薩這三種證悟的果位。屬於「見、修、行、果」之一。

定、禪定、等持、三摩地 Concentration（ting nge 'dzin，藏）（samadhi，梵）：專一安住的狀態。參見「三摩地」。

舍利子、舍利弗 Shariputra（sha ri'i bu，藏）：佛陀的兩大弟子之一，以智慧聞名。

金剛 Vajra（rdo rje，藏）：「金剛、鑽石」、「石之王」。用來形容不可摧、無能敵。一般的金剛是指儀式器物（金剛杵）；究竟的金剛則是指空性。

金剛乘 Vajrayana（rdo rje theg pa，藏）：以果為修持之法道（亦稱「果乘」）。同於「密咒乘」。

空行母 Dakini（mkha' 'gro ma，藏）：（一）圓滿證悟事業的天尊，密續中的女性本尊，護持並承事佛教法義與行者，亦爲「三根本」之一；（二）已證悟的女性金剛乘修行者。

宗義、宗派 Philosophical Schools（grub mtha'，藏）：四大佛教思想派別，分別爲：毗婆沙宗（説一切有部）、經部宗、唯識宗與中觀宗。前二者屬小乘，後二者屬大乘。

岡波巴 Gampopa（sgam po pa，藏）（1079-1153）：密勒日巴的首要弟子，兼具無上了證與廣大學識，著有《解脫莊嚴寶論》（*The Jewel Ornament of Liberation*）。曾修習噶當派的教法，三十二歲時遇見密勒日巴尊者而成爲其首要弟子。第一世噶瑪巴杜松虔巴（Düsum Kheynpa）與帕莫竹巴（Phagmo Drubpa）都是其主要弟子。

明點 Bindus（thig le，藏）：（一）紅、白明點。（二）光球或光環。

忿怒尊 Wrathful Deities（lha khro bo，藏）：爲調伏無法以寂靜相度化的眾生，而以忿怒形象顯現之諸佛菩薩。

青稞酒 Chang（chang，藏）：由青稞釀製的西藏啤酒。

投生中陰 Bardo of Becoming（srid pa'i bar do，藏）：從迷惑生起且形成「意生身」，直到進入來世母胎子宮為止的期間。這是尋找下一個投生處的時間。此處「投生」一詞也具有「可能」的含義。

季諦瑜伽 Chiti Yoga（spyi ti'i rnal 'byor，藏）：大圓滿竅訣部其中一個分支。竅訣部分為阿底（Ati）、季諦與仰諦（Yangti）。季諦瑜伽主要是涵括大圓滿的概要。

【九劃】

法 Dharma（chos，藏）：佛陀法教。「法」有時也可代表現象或對境，乃至於屬性或性質。

法性 Dharmata（chos nyid，藏）：諸法與心的本具自性。

法性中陰 Bardo of Dharmata（chos nyid kyi bar do，藏）：從死亡開始，直到進入投生中陰並以「意生身」顯現之前的期間。法性的意思是「本具自性」。根據由蓮花生大士封印、後由貝瑪林巴（Pema Lingpa）取藏的《日月和合續》（*the Bardo Tantra of the Union of the Sun and Moon*）伏藏法，其簡軌中描述法性中陰的七個接續微細消融階

194

段，分別爲：心識融入空大、空大融入光明、光明融入雙運、雙運融入智慧、智慧融入任成、任成融入本淨，最後則是本淨遍智融入三種不二智。這些消融階段的詳細敘述請參見《正念明鏡》英譯版 51 至 60 頁。生命中的一切顯相在法性中陰皆已崩解，色身不復存在，也不再體驗到「有爲法」（因緣生滅）。所感知的一切皆爲「清淨法」（清淨的現象），都是法性的聲音、色彩與光亮，也是我們的本智。在此時，修持尙未穩固的人將再次成爲無明和習氣的受害者，再度出現二元分別的體驗，隨後進入投生中陰。

法身 Dharmakaya（chos sku，藏）：三身之首。離於任何造作，有如虛空。此「身」爲證悟功德之身。在此應以「基、道、果」三種面向來理解。

法身唯一明點 Single Sphere of Dharmakaya（chos sku thig le nyag cig，藏）：對法身的象徵性敘述。以「唯一明點」名之，因法身沒有二元性或侷限性，且不容對其形成任何的概念戲論之「邊」。

法界 Dharmadhatu（chos kyi dbyings，藏）：指「諸法之界」；

即空性與緣起無有分別之「如是」。是心與萬物超越生、住、滅的自性。在創古仁波切（Thrangu Rinpoche）所著《佛性——究竟一乘寶性論》（*Buddha Nature*）中提到：「此處以『映』（ying）代表空間。這個字同時也代表法界，也就是萬物之『界刹』或『虛空』。名之為虛空，是因法界就如虛空之本體或界域，虛空的自性是空、非實有，所以雲朵、鳥群與飛機都能不受阻礙地翱翔其中。就因為這個敞開的特質，萬物得以生起。相同地，法界就是諸法的體性，其為空，且非實存。在那之中，樹木、房屋、山岳、自己、他人、情緒、智慧等一切現象與所有體驗都能無礙生起。」

刹土、淨土 Pure Realm（zhing khams，dag pa'i zhing，藏）：已成就證悟的菩薩聖眾居住之地。佛陀以報身相於淨土說法。

勇父 Daka（dpa' bo，藏）：（一）由壇城主尊化現以圓滿四種事業〔的天尊〕；對應於空行母的男性；（二）已證悟的男性金剛乘修行者。

前行、加行 Preliminaries（sngon 'gro，藏）：外的共同前行

是指「轉心四思量」的教導。內的不共前行則是總數爲四十萬遍的皈依發心、金剛薩埵法、供養曼達與上師瑜伽修持。參見《宏高之門》（*The Great Gate*，暫譯，香巴拉出版），與《了義炬》（*Torch of Certainty*，自生智出版）。

前行、加行 Ngöndro（sngon 'gro，藏）：參見「前行」。

虹光身 Rainbow Body（'ja' lus，藏）：圓寂時，顯現無量的彩虹光芒，且不會留下遺體。

帝洛巴（Tilopa，梵）：印度的大成就者。那洛巴之上師，也是噶舉派的祖師。

界部 Space Section（klong sde，藏）：大圓滿三部教法之一，強調空性。

秋吉・林巴 Chokgyur Lingpa（1829-1870）：與蔣揚・欽哲・旺波和蔣貢・工珠同時期的伏藏師，被視爲西藏史上的大伏藏師之一。噶舉派與寧瑪派都廣爲修持由其取出之伏藏法。可參見《秋吉・林巴之生平與教法》（*The Life and Teachings of Chokgyur Lingpa*，自生智出版社）。

紅顯相 Redness（dmar lam，藏）：「明、增、得」微細消融

次第的第二階段。

毗奈耶 Vinaya（'dul ba，藏）：「律藏」，三藏之一。關於倫理、紀律與道德行誼的佛法教導，無論對出家或在家行者而言，都是一切佛法修持的基礎。

毗盧遮那（Vairochana，梵）：藏王赤松德贊時期無與倫比的偉大譯師。西藏「預試七人」（首批七位領受具足戒的出家比丘）其中一員，他被送至印度跟隨師利星哈學習。大圓滿教法即是由毗盧遮那、蓮花生大士與無垢友三位大師傳入藏地。

【十劃】

俱生 Coemergent（lhan cig skyes pa，藏）：與生俱來，符合事物之自性（自然或本具）。

持明 Vidyadhara（rig pa 'dzin pa，藏）：「智慧持有者」。明（vidya）咒的持有者（dhara）。瑪哈瑜伽四次第之一的了證大師，等同密續中的十一地菩薩。另一種持明的定義是指甚深方便法門之持有者，即本尊、咒語與大樂之智慧持明。

馬爾巴 Marpa（mar pa，藏）：噶舉傳承的偉大祖師。參見《馬爾巴大譯師傳》（*Life of Marpa the Translator*），香巴拉出版。

根本上師 Root Teacher（rtsa ba'i bla ma，藏）：金剛乘行者可以有多種的根本上師，例如授予灌頂、給予口傳或闡釋密續義理的上師。究竟的根本上師是指給予竅訣，讓修行者藉此認出心性的上師。

格魯派 Gelug（dge lugs，藏）：由宗喀巴大師承襲阿底峽所創之噶當派傳統，於西藏建立的佛教宗派。格魯派目前的領袖為十四世達賴喇嘛尊者。

師利星哈 Shri Singha（Shri Singha，梵）：大圓滿傳承中，文殊友的主要弟子與後繼者。出生於于闐國的索揚（Shokyam），跟隨哈提巴拉（Hatibhala）與貝拉格底（Bhelakirit）兩位大師學習。師利星哈的眾多弟子中有四位傑出大師，分別是智經、無垢友、蓮花生大士與西藏譯師毗盧遮那。

般若、出世慧 Transcendent Knowledge（shes rab kyi pha rol tu phyin pa，藏）（prajnaparamita，梵）：超越分別念的

智慧。「出世」的字意是「到彼岸」，即離於二元分別的「此岸」。

般若與烏巴雅、智慧與方便 Prajna and Upaya（thabs dang shes rab，藏）：「般若」意為「慧」，特別是指了悟無我的智慧。烏巴雅是指方便，能成就了悟的方法或技巧。

般若波羅蜜多 Prajnaparamita（shes rab kyi pha rol tu phyin pa，藏）：意為「出世慧」。在大乘教法中，是指了悟空性的智慧，超越對主體、客體和行為的執取。與佛陀二轉法輪的教法有關。

【十一劃】

得 Attainment（thob pa，藏）：指「明、增、得」消融三次第的第三個體驗。此時，由愚痴產生的七種念頭皆已止息，隨之而來是一片漆黑的感知。

密咒、真言 Mantra（sngags，藏）：（一）密咒乘亦為金剛乘的同義詞。（二）一種特定組合的聲音，象徵本尊自性，能帶來淨化與了悟。例如六字大明咒「唵嘛呢叭咪吽」（Om mani padme hung）。咒語主要分為秘密（guhya）

咒、明（vidya）咒與陀羅尼（dharani）咒等三種類別。

密勒日巴 Milarepa（1040-1123）：西藏宗教史上著名的一位瑜伽士和詩人。大部分噶瑪噶舉派的教法都是由他所傳。參見《密勒日巴傳》（*The Life of Milarepa*）與《密勒日巴十萬證道歌》（*The Hundred Thousand Songs of Milarepa*），香巴拉出版。

習氣 Habitual Tendencies（bag chags，藏）：印記在「總基識」（阿賴耶識）上的微細傾向。

基光明 Ground Luminosity（gzhi'i 'od gsal，藏）：母光明的同義字，亦即法身。

奢摩他、寂止 Shamatha（zhi gnas，藏）：「寂止」，或是在念頭止息後，「安住寂靜之中」。抑或讓心平靜，不受到念頭所紛擾的禪修。

班智達 Pandita（mkhas pa，藏）：博學的導師、學者，或佛教哲學的教授。

曼荼羅、曼達拉、壇城 Mandala（dkyil 'khor，藏）：（一）「中心與周圍」。通常以符號、圖像來代表密續本尊之存有剎土。（二）觀想以整個宇宙而成的供養，也包含密續

儀式中的本尊宮殿陳設。

消融次第 Dissolution Stages（thim rim）：本書界定了三種消融次第。即，大種的粗分消融、念頭的微細消融，以及法性中陰期間的極微細消融。最後一種請參見「法性中陰」。

近得基光明 Ground Luminosity of Full Attainment（nyer thob gzhi'i 'od gsal，藏）：指「白顯相、紅顯相、黑顯相」三種微細消融次第結束後隨即顯露的法身光明。【譯註】nyer thob 這個名相於藏文可作不同的解釋，《藏漢大詞典》中譯為「得相」或「近得相」。多方諮詢後仍採用古德的翻譯為「近得」。

那洛巴 Naropa（na ro pa，藏）：印度的大成就者。是噶舉傳承帝洛巴的主要弟子，也是馬爾巴的上師。參見《智慧雨》（*Rain of Wisdom*，香巴拉出版）。

那爛陀寺 Nalanda（Nalanda，梵）：古印度時期，佛法研究興盛的寺院中心。位於現今印度的比哈省。

【十二劃】

黑 Blackness（nag lam，藏）：完全黑暗的感受。指明、增、得的第三階段。

脈 Nadi（rtsa，藏）：指金剛身中的各個脈，風（氣、息）於其中流動。

堪布 Khenpo（mkhan po，藏）：已完成約十年的宗義、因明、律典等傳統主要學習課程者，可獲此頭銜。亦指寺院住持，或授予具足出家戒的戒師。

報身 Sambhogakaya（longs spyod rdzogs pa'i sku，藏）：「圓滿受用身」。在「五身果位」的教導中，報身是諸佛的半化現之相，具有「五決定」（五圓滿）的特點，即導師、眷屬、處所、法、時間等五種決定。唯有登地的菩薩才能感知報身佛。

勝者 Victorious Ones（rgyal ba， jina，藏）：佛陀的同義詞。

無明 Ignorance（ma rig pa，藏）：對善行與惡行的無明（無知、不明瞭），導致我們再次投生三界輪迴。對勝義諦的無明，則是輪迴存有的主要原因。

無念 Nonthought（mi rtog，藏）：沒有分別念的狀態。無念

可代表無分別智，但一般用來表示樂、明、無念等三種暫時的禪修覺受之一，且這些覺受通常受到細微的貪愛與執著所染。

等持、三摩地 Samadhi（ting nge 'dzin，藏）：「平等持心」。無渙散的專注或禪定狀態，在金剛乘中也可用來指生起次第或圓滿次第。

超戒寺 Vikramashila（梵）：古印度時期著名的寺院。

勝義諦 Ultimate Truth（don dam pa'i bden pa，藏）：世俗諦的究竟自性。萬法皆超越了生、住、滅。

普賢王如來 Buddha Samantabhadra（sangs rgyas kun tu bzang po，藏）：本初證悟的佛果狀態，一切諸佛與文武百尊壇城皆由此顯現。此如來爲一切金剛乘密續之究竟本源。

智慧資糧 Accumulation of Wisdom（ye shes kyi tshogs，藏）：以了悟空性的觀察智所攝持的善行或禪修。空性，意指離於分別念的裸然心。

【十三劃】

業 Karma（las，藏）：善有善報等的眞實法則。

經 Sutra（mdo，mdo sde，藏）：（一）由佛陀宣說，或受佛陀啓發之教法。（二）三藏之中的「經藏」。（三）別解脫乘與菩薩乘中的所有共同教法，視法道爲證悟之因的因地教導。相對於此的爲不共的密續教法。

意生身 Mental Body（yid kyi lus，藏）：由習氣形成的無形身體，與夢境中我們擁有的想像色身非常相似。

煩惱 Disturbing Emotion（nyon mongs pa，藏）：使自心疲累、煩擾、折磨的貪、瞋、癡、慢、疑此五毒。持續不斷的煩惱情緒，即是輪迴存有的主因之一。

煩惱障 Obscuration of Disturbing Emotions（nyon mongs pa'i sgrib pa，藏）：指貪、瞋、癡、慢、疑此五毒情緒。

阿底瑜伽、無上瑜伽 Ati Yoga（shin tu rnal 'byor，藏）：內三密中的第三乘。根據第一世蔣貢·工珠的說法，其見地是，藉由熟習對本初佛果自性的了悟而獲得解脫。其離於取捨、離於希懼。現在比較常用「佐千」（Dzogchen），即「大圓滿」來稱阿底瑜伽。

阿修羅、非天 Demigod（lha ma yin，藏）：六道眾生之一，其特徵爲心性好勝好鬥。

阿羅漢 Arhant（dgra bcom pa，藏）：「摧破敵軍者」（殺賊）。指戰勝四魔且證得涅槃者，是別解脫乘當中的第四果，也是其中的最高果位。

阿毘達摩 Abhidharma（chos mngon pa，藏）：佛陀宣說的三藏之一。關於形上學的系統教法，著重分析各種體驗的組成元素，並探討事物的自性，藉此培養觀察智。阿毘達摩的首要釋論爲陳那論師以別解脫乘觀點所著的《阿毘達摩俱舍論》（*Abhidharma Kosha*），以及無著菩薩以大乘觀點所著的《阿毘達摩雜集論》（*Abhidharma Samucchaya*）。

圓滿次第 Completion Stage（rdzogs rim，藏）：「有相圓滿次第」是指如拙火的瑜伽修持；「無相圓滿次第」則是指大圓滿的修持。參見「生圓次第」。

【十四劃】

僧伽 Sangha（dge 'dun，藏）：修行者的團體，通常代表受具足戒的比丘與比丘尼。「聖僧」意指已成就五道之「見道」者，也因此已解脫輪迴。

菩提心 Bodhichitta（byang sems，byang chub kyi sems，藏）：「已然覺醒之心」。（一）為利益一切眾生而希求獲得證悟之發願；（二）在大圓滿或大手印的教導中，菩提心是覺醒之心的本智，亦是本覺（rigpa）的同義詞；（三）在過世後有時會從鼻孔流出的少許體液。

菩薩 Bodhisattva（byang chub sems dpa'，藏）：已生起菩提心，為利益一切有情希求證得佛果者。「聖位菩薩」，則特別指已登初地〔以上〕者。

頗瓦法 Phowa（'pho ba，藏）：死亡時將心識遷射至淨土的法門。

聞、思、修 Learning，Reflection and Meditation（thos bsam sgom gsum，藏）：「聞」，領受口傳教法並學習經典，以清除無明與邪見；「思」，透過審慎思惟來根除不確定性與誤解；「修」，在個人經驗中實際運用教導，而得到直接的洞見。

寧瑪派 Nyingma School（rnying ma，藏）：藏王赤松德贊時期傳入西藏的佛法。教法的翻譯主要完成於赤松德贊的政權時期，以及接近九世紀的仁欽桑波時期。大多是由蓮花

生大士、無垢友、寂護論師與毗盧遮那等偉大上師所譯。寧瑪派主要的兩種傳法方式，各爲「噶瑪」（Kama，口耳傳承的教言傳承），以及「德瑪」（Terma，伏藏法）。寧瑪派的修持以外續和內續（Outer and Inner Tantras）爲基礎，且著重瑪哈瑜伽、阿努瑜伽和阿底瑜伽之內續修持。

【譯註】Tantra 一詞通常譯爲「密續」，但本身單純意指「相續」。

盡所有智、世俗諦智 Wisdom of Perceiving All That Exists（shes bya ji snyed pa gzigs pa'i ye shes，藏）：了悟世俗現象的智慧。

睡夢中陰 Bardo of Dreaming（rmi lam gyi bar do，藏）：自入睡開始，至再次醒來的期間。這個階段應當根據上師的竅訣來攝持。

福德資糧 Accumulation of Merit（bsod nams kyi tshogs，藏）：以分別心所爲的善行或禪修。所謂分別心，是關於自我、行爲與目標這類的概念。

【十五劃】

增 Increase（mched pa，藏）：明、增、得三種體驗中的第二者。由貪所生起的四十種念頭（心所）在此時消融。同時會有紅顯相的感受。

徹卻 Trekchö（khregs chod，藏）：「立斷」，揭示離於二元執著的赤裸本覺，以此切斷妄念流續、三時之中的一切念頭。經由上師的指引而認出此見地，並於生命的任何時刻都毫不間斷地保任見地，這就是大圓滿修持的精華所在。

方便、烏巴雅 Upaya（thabs，藏）：參見「般若與烏巴雅」。

輪迴 Samsara（'khor ba，藏）：「輪轉存有」、「惡性循環」、生死之「輪」，投生六道存有之中。特點是痛苦、無常與無明。有情凡夫眾生被無明、二元分別、業力、煩惱所繫縛。因業果感得而充滿挫折與痛苦的無盡循環，屬於凡俗的實境。

德瑪、伏藏法 Terma（gter ma，藏）：「寶藏」之意。（一）主要源自蓮花生大士和耶喜措嘉，其以封印密藏的寶藏來傳法，等待時機成熟後再由「德童」（伏藏師）掘藏，為的是利益未來的弟子們。伏藏法是寧瑪派的兩種傳統之

一，另一種則是「噶瑪」（教言傳承）。教導中提到，即使在佛陀律典已然消失的久遠以後，這個傳承也仍能存世流傳。（二）多種封印的寶物，如法本、儀式物品、舍利遺物與自然物品。

樂、明、無念 Bliss, Clarity and Nonthought（bde gsal mi rtog pa，藏）：三種暫時的禪修覺受。若執著這些覺受，將會種下再次投生三界輪迴的種子。若無執著，這些覺受就是三身之嚴飾。

緣起相依 Dependent Origination（rten cing 'brel bar 'byung ba，藏）：指一切現象皆「依靠」其本身之因與各自之緣的「相連」而生起的自然法則。事實上，未有一法是無因而生，也無有一法是由獨立造物主所作。一切事物都仰賴因緣和合，若無因緣，萬物皆無法顯現。

【十六劃】

餓鬼 Hungry Ghosts（yid dvags，藏）：輪迴六道有情之一，因自身不淨的業力感知而受到折磨，承受貪著與饑渴的劇烈痛苦。

噶瑪、教言傳承 Kama（bka' ma，藏）：寧瑪派的口耳傳承。主要教法譯於蓮花生大士入藏時期，並由師徒口耳傳承，流傳至今。

噶舉派 Kagyü（bka' brgyud，藏）：源自法身佛金剛總持，並傳至帝洛巴、薩惹哈等諸多印度大成就者，再由馬爾巴大師傳入西藏的傳承。由那洛巴、梅紀巴（Maitripa，梅赤巴）傳法給西藏譯師馬爾巴，之後再傳給密勒日巴、岡波巴、噶瑪巴等。噶舉派的主要修持是方便道的那洛六法，以及解脫道的梅紀巴大手印教導。

遍計無明 Conceptual Ignorance（kun tu brtags pa'i ma rig pa，藏）：於金剛乘中，指的是有主、客體分別的無明；經部中，則指疊加其上或「學習而成」（習得）的邪見。遮蔽諸法自性的各種粗略籠統信念。

靜猛天尊 Peaceful and Wrathful Buddhas（zhi khro，藏）：指四十二位寂靜尊與五十八位忿怒尊。四十二位寂靜尊包括普賢王如來與普賢王佛母、五方佛父與五方佛母、八大菩薩與八大女菩薩、六能仁、四方守護明王與四方守護明母。五十八位忿怒尊則包含五大嘿魯嘎佛父母、八忿怒

母、八獸首母、四方守護明母、二十八自在母。

閻浮提洲、南瞻部洲 Jambu Continent（'dzam bu gling，藏）：
我們所知的世界。以佛教宇宙觀而言，閻浮提洲是四大洲
的最南端。以盛產閻浮樹（蒲桃樹）而得名。

【十七劃】

禪修 Meditation（sgom pa，藏）：根據大手印或大圓滿的修
持教導，所謂的禪修是指經由具德上師指引讓我們認出自
己的佛性，而後對此認出逐漸熟習，或保任其相續。而根
據聞思修的教導，禪修是指以個人經驗吸收教導，實際修
持而逐漸熟習。

禪定中陰 Bardo of Meditation（bsam gtan gyi bar do，藏）：
禪定中陰發生在此生中陰裡。對於已領受心性指引竅訣的
修行者來說，禪定中陰是從認出心性開始，直到自己開始
分心散亂的期間。

總基、本基 All-Ground（kun gzhi，藏）（alaya，梵）：字面
意義為「一切事物的根本」。是心識的根基，以及淨或不
淨之萬法的根基。此用語在各教導裡有不同的含義，必須

視情況來理解。有時作爲「佛性」或「法身」的同義詞；有時則是指未以本智攝持而屬二元分別心的中性（無記）狀態。

聲聞 Shravaka（nyan thos，藏）：「聞者」或「聽者」。修習初轉法輪四聖諦教法的別解脫乘行者。聲聞乘的主要修持是要了悟輪迴是苦，且強調並無獨立實存的自我。當調伏煩惱達到自我解脫時，即成就初入「見道」的須陀洹果（預流果）；而後成就斯陀含果（一還果），只會再投生輪迴一次；第三階段爲阿那含果（不還果），不再投生輪迴；最後階段是阿羅漢果。這四個階段也稱爲「沙門四果」。

臨終中陰 Bardo of Dying（'chi kha'i bar do，藏）：從死亡過程開始，到三個微細消融次第結束的期間。

蔣揚・欽哲・旺波 Jamyang Khyentse Wangpo（'jam dbyangs mkhyen brtse'i dbang po，藏）（1820-1892）：上一世紀的偉大上師，是五大伏藏王的最後一位，被視爲文殊友與藏王赤松德贊的共同轉世。他是西藏所有佛教宗派共舉的成就者與導師，也是利美（不分教派）運動的發起者。除了

伏藏法之外，蔣揚欽哲旺波尚有多達十函的著作。

【十八劃】

遮障 Obscuration（sgrib pa，藏）：指煩惱障與二元所知障，是障蔽佛性的兩種遮障。

竅訣 Pointing-out Instruction（ngo sprod，藏）：直指心性的教導。

竅訣部 Instruction Section（man ngag sde，藏）：大圓滿三部教法中的第三部。由文殊友所彙編，著重教導中的關鍵要點。

【十九劃】

薈供 Feast Offering （tshogs kyi 'khor lo，藏）：金剛乘修行者為了累積福德與清淨三昧耶所進行的共修祀宴。

願菩提心 Bodhichitta of Aspiration（smon pa'i byang chub kyi sems，藏）：因對一切有情的慈悲，發心祈願使所有眾生解脫輪迴。其內涵主要是四無量心的修持。

【二十劃】

薩迦派 Sakya（sa skya，藏）：藏傳佛教四大派之一，於十一世紀時由印度大師畢魯巴的弟子卓彌譯師所創立。

薩惹哈 Saraha（sa ra ha，藏）：印度的大成就者，為大手印的傳承祖師。參見《國王多哈道歌》（*The Royal Songs of Saraha*），香巴拉出版。【譯註】薩拉哈《三部多哈道歌》包括《多哈道歌藏》（全名為《多哈藏行持道歌》）、《國王多哈道歌》、《后妃多哈道歌》，另有分類為：國王之歌、大臣之歌、庶民之歌。此處所指也可能是《國王之歌》。

釋迦牟尼佛 Buddha Shakyamuni（sangs rgyas sha kya thub pa，藏）：歷史上的佛陀，為我們當今世間的主要導師。

【二十一劃】

續、密續 Tantra（rgyud，藏）：佛陀以報身相所宣說的金剛乘教法。續的真正意涵是指「相續」、本具之佛性，此為續的「所詮之義」（所表述的意義）。一般層面的續則是指非凡的密乘經典，也稱為續的「能詮之語」（能表述的

文字語言），同時也指金剛乘整體的果地教導。

【二十二劃】

灌頂、開許 Empowerment（dbang，藏）：賦予力量，或授權使人得以修持金剛乘法教，是進入密續修持的必經之門。灌頂是指使人對自身本具之金剛身、語、意獲得掌握之力，同時授權得以觀待「一切色相即本尊」、「一切音聲即咒語」、「一切念頭即智慧」。參見「四灌」。

【二十三劃】

顯有之遍在清淨 All-Encompassing Purity of Appearance and Existence（snang srid dag pa rab 'byams，藏）：這是內密教法中的特別用語。用以表達諸法本自圓滿，五蘊即為五方佛等。

顯相 Appearance（snang ba，藏）：（一）感官知覺或心意活動；由意識心所經驗到的一切。一般人通常感覺顯相是「外在」的，且獨立於感知者之外。而大乘佛教哲學中，首先將顯相視為單純的境相（【譯註】指一切境界都是心

與心所二者所變之相狀）；其後，了知顯相並非實有；最終，則是超越生、住、滅的戲論。然而以金剛乘本智的觀點而言，顯相與空性自本初以來從未分離，也因此有男女清淨相的諸佛菩薩。此稱為，「一切顯相與存有的遍在清淨」。（二）三種微細的消融次第之一。【譯注】本書於談到消融次第時，採用的翻譯為「明、增、得」，而非「顯、增、得」。

千佛寺——
一份吉祥的真、善、美福報

　　位於尼泊爾南部的藍毗尼，是悉達多太子的誕生祥地。悉達多太子證道後，世人尊稱他爲「釋迦牟尼佛」。 釋迦牟尼佛是現今賢劫千佛中的第四尊佛，而藍毗尼則是賢劫千佛的共同誕生地。藍毗尼是佛教的發源地，也是佛教徒最爲重要的朝聖地之一。一九九七年，藍毗尼被聯合國教科文組織認證爲「世界文化遺產」之一。

　　二十世紀藏傳佛教著名的禪修大師 —— 至尊祖古・烏金仁波切在涅槃的前一年，對兒子確吉・尼瑪仁波切道出遺願：如果能在藍毗尼建一所大寺院，就實在是太殊勝了。

　　在確吉・尼瑪仁波切的親自督導之下，「帕爾土登謝珠林寺」、又名「千佛寺」，於二〇〇九年開始興建。寺院所在位置距離釋迦牟尼佛誕生地不到一公里。這座爲後代萬世佛子所設立的珍貴道場，將成爲未來聞思與修行佛法的重要法座。

　　千佛寺的設計採用傳統藏傳佛教風格，五層樓高的結構反映了佛陀悟道的三身。第一層將供奉三尊大佛，各有七點六公尺高，代表了過去、現在和未來的三世佛，同時還將供奉一千尊四十六公分高的佛像，代表了現今賢劫的千佛。第二層將供奉大悲觀世音菩薩以及八大菩薩；第三層將供奉阿彌陀佛，以及一間設有收藏巴利文、梵文、藏文、中文、蒙古文以及其他語文佛教典籍的圖書館。同時，還有十六羅漢、二十一度母以及蓮花生大士的聖像也將供奉寺中。

如今，千佛寺的建設仍在如火如荼地進行中。在歷經二〇一五年尼泊爾大地震等種種艱辛考驗之後，在世界各國善心人士的大力護持之下，目前寺院主體結構已經全部完成，現正進入內部裝修與裝飾階段，並預計於二〇二一年竣工。

千佛寺建成之後，將會極大利益到前去藍毗尼參訪的每一位信眾和遊客——在千佛寺做一個頂禮，即向賢劫千佛頂禮；在千佛寺供養一枝鮮花，即向賢劫千佛供花……，如此所積聚的福德利益是無法估量的。

因此，確吉·尼瑪仁波切總是提醒信眾：「建造千佛寺，不是為了你，也不是為了我，而是為了大眾，為了這個世界以及世世代代的後人。」

現在，我們誠邀您與所有善心人士一起，共同為千佛寺的建設作出貢獻。參與護持建造佛陀之身、語、意的象徵，將有助於我們實現此生的願望，並在我們的心中播下解脫的種子。

您願意與我們齊心協力建成這座殊勝的千佛寺嗎？

• 參與護持千佛寺的建設，請瀏覽以下網站：
www.dharmasunasia.org

• 聯繫郵箱：1000buddhatemple@dharmasunasia.org

橡樹林文化 ❖❖ 蓮師文集系列 ❖❖ 書目

JA0001	空行法教	伊喜・措嘉佛母輯錄付藏	260 元
JA0002	蓮師傳	伊喜・措嘉記錄撰寫	380 元
JA0003	蓮師心要建言	艾瑞克・貝瑪・昆桑◎藏譯英	350 元
JA0004	白蓮花	蔣貢米龐仁波切◎著	260 元
JA0005	松嶺寶藏	蓮花生大士◎著	330 元
JA0006	自然解脫	蓮花生大士◎著	400 元
JA0007/8	智慧之光 1/2	根本文◎蓮花生大士／釋論◎蔣貢・康楚	799 元
JA0009	障礙遍除：蓮師心要修持	蓮花生大士◎著	450 元

橡樹林文化 ❖❖ 朝聖系列 ❖❖ 書目

JK0001	五台山與大圓滿：文殊道場朝聖指南	菩提洲◎著	500 元
JK0002	蓮師在西藏：大藏區蓮師聖地巡禮	邱常梵◎著	700 元
JK0003	觀音在西藏：遇見世間最美麗的佛菩薩	邱常梵◎著	700 元

橡樹林文化 ❖❖ 圖解佛學系列 ❖❖ 書目

| JL0001 | 圖解西藏生死書 | 張宏實◎著 | 420 元 |
| JL0002 | 圖解佛教八識 | 洪朝吉◎著 | 260 元 |

善知識系列　JB0137

中陰指引──修習四中陰法教的訣竅 The bardo guidebook

作　　　者／確吉・尼瑪仁波切（Chökyi Nyima Rinpoche）
中　　　譯／普賢法譯小組
責 任 編 輯／劉昱伶
業　　　務／顏宏紋

總　 編　 輯／張嘉芳
出　　　版／橡樹林文化
　　　　　　城邦文化事業股份有限公司
　　　　　　104 台北市民生東路二段 141 號 5 樓
　　　　　　電話：(02)2500-7696 ext2736　傳真：(02)2500-1951
發　　　行／英屬蓋曼群島商家庭傳媒股份有限公司城邦分公司
　　　　　　104 台北市中山區民生東路二段 141 號 5 樓
　　　　　　客服服務專線：(02)25007718；25001991
　　　　　　24 小時傳真專線：(02)25001990；25001991
　　　　　　服務時間：週一至週五上午 09:30 ～ 12:00；下午 13:30 ～ 17:00
　　　　　　劃撥帳號：19863813　戶名：書虫股份有限公司
　　　　　　讀者服務信箱：service@readingclub.com.tw
香港發行所／城邦（香港）出版集團有限公司
　　　　　　香港灣仔駱克道 193 號東超商業中心 1 樓
　　　　　　電話：(852)25086231　傳真：(852)25789337
　　　　　　Email：hkcite@biznetvigator.com
馬新發行所／城邦（馬新）出版集團【Cité (M) Sdn.Bhd. (458372 U)】
　　　　　　41, Jalan Radin Anum, Bandar Baru Sri Petaling,
　　　　　　57000 Kuala Lumpur, Malaysia.
　　　　　　電話：(603) 90563833　傳真：(603) 90576622
　　　　　　Email：services@cite.my

內頁排版／歐陽碧智
封面設計／兩棵酸梅
印　　刷／韋懋實業有限公司

初版一刷／ 2019 年 11 月
初版二刷／ 2023 年 7 月
ISBN ／ 978-986-97998-7-4
定價／ 350 元

城邦讀書花園
www.cite.com.tw

國家圖書館出版品預行編目（CIP）資料

中陰指引:修習四中陰法教的訣竅 / 確吉.尼瑪仁
波切（Chökyi Nyima Rinpoche）著；艾瑞克.
貝瑪.昆桑（Erik Pema Kunsang）英譯；普賢
法譯小組中譯. -- 初版. -- 臺北市：橡樹林文
化，城邦文化出版：家庭傳媒城邦分公司發行，
2019.11
　　面；　公分. --（善知識；JB0137）
　　譯自：The bardo guidebook
　　ISBN 978-986-97998-7-4（平裝）

1.藏傳佛教　2.佛教修持　3.生死觀

226.962　　　　　　　　　　　　　108018262

廣　告　回　函
北區郵政管理局登記證
北 台 字 第 10158 號

郵資已付　免貼郵票

104 台北市中山區民生東路二段 141 號 5 樓

城邦文化事業股份有限公司

橡樹林出版事業部　　收

請沿虛線剪下對折裝訂寄回，謝謝！

|橡|樹|林|

書名：中陰指引──修習四中陰法教的訣竅　書號：JB0137

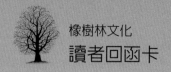

橡樹林文化
讀者回函卡

感謝您對橡樹林出版社之支持，請將您的建議提供給我們參考與改進；請別忘了給我們一些鼓勵，我們會更加努力，出版好書與您結緣。

姓名：＿＿＿＿＿＿＿＿＿＿ □女 □男 生日：西元＿＿＿＿＿＿年

Email：＿＿＿＿＿＿＿＿＿＿＿＿＿＿＿＿＿＿＿＿＿＿＿

● 您從何處知道此書？

□書店 □書訊 □書評 □報紙 □廣播 □網路 □廣告 DM

□親友介紹 □橡樹林電子報 □其他＿＿＿＿＿＿＿＿＿

● 您以何種方式購買本書？

□誠品書店 □誠品網路書店 □金石堂書店 □金石堂網路書店

□博客來網路書店 □其他＿＿＿＿＿＿＿＿＿

● 您希望我們未來出版哪一種主題的書？（可複選）

□佛法生活應用 □教理 □實修法門介紹 □大師開示 □大師傳記

□佛教圖解百科 □其他＿＿＿＿＿＿＿＿＿

● 您對本書的建議：

＿＿＿＿＿＿＿＿＿＿＿＿＿＿＿＿＿＿＿＿＿＿＿＿＿＿

＿＿＿＿＿＿＿＿＿＿＿＿＿＿＿＿＿＿＿＿＿＿＿＿＿＿

＿＿＿＿＿＿＿＿＿＿＿＿＿＿＿＿＿＿＿＿＿＿＿＿＿＿

處理佛書的方式

　　佛書內含佛陀的法教，能令我們免於投生惡道，並且爲我們指出解脫之道。因此，我們應當對佛書恭敬，不將它放置於地上、座位或是走道上，也不應跨過。搬運佛書時，要妥善地包好、保護好。放置佛書時，應放在乾淨的高處，與其他一般的物品區分開來。

　　若是需要處理掉不用的佛書，就必須小心謹愼地將它們燒掉，而不是丟棄在垃圾堆當中。焚燒佛書前，最好先唸一段祈願文或是咒語，例如唵（OM）、啊（AH）、吽（HUNG），然後觀想被焚燒的佛書中的文字融入「啊」字，接著「啊」字融入你自身，之後才開始焚燒。

　　這些處理方式也同樣適用於佛教藝術品，以及其他宗教教法的文字記錄與藝術品。

ཨེ་གེ་ནེ་ཤུ་རུ་དྲུག་པ་འདི་དཔེ་ཆའི་ནང་དུ་བཞག་ན་དཔེ་ཆ་ཉེ་ཙེ་འགྱར་
བགྲོམས་ཀྱང་ཉེས་པ་མི་འབྱུང་བར་འཛམ་དཔལ་རྩ་རྒྱུད་ལས་གསུངས་སོ།། །།

此咒置經書中　可滅誤跨之罪

作者簡介

確吉・尼瑪仁波切（Chökyi Nyima Rinpoche）

　　尊貴的確吉・尼瑪仁波切，是當代著名的藏傳佛教上師和禪修大師。他一九五一年出生於西藏，是二十世紀藏傳佛教最爲卓著的大圓滿成就者，是被喻爲「眾師之師」的至尊祖古・烏金仁波切的長子。確吉・尼瑪仁波切出生後十八個月，被第十六世噶瑪巴認證爲噶舉派大成就者——迦竹千大師的轉世，即古印度佛教哲學家龍樹菩薩之化身。

　　確吉・尼瑪仁波切自幼便在第十六世噶瑪巴、第二世敦珠法王、頂果欽哲仁波切、紐修堪仁波切以及父親祖古烏金仁波切等偉大上師的座下學習。一九七六年，年僅二十五歲的確吉・尼瑪仁波切被第十六世噶瑪巴任命爲加德滿都噶甯謝珠林寺的住持。自上個世紀七十年代初，確吉・尼瑪仁波切與父親祖古・烏金仁波切一起開始展開全球弘法之旅，蓮足遍及歐美及亞洲等國，爲數以萬計的信眾給予大圓滿和大手印的教授與灌頂，以無可比擬的慈悲與智慧，深受弟子

目錄